AF367398

Lectura contemporánea de los clásicos

Karina Ansolabehre, Claudia López-Guerra,
Saúl López Noriega, David Peña, Andrea Pozas-Layo
y Rodalfo Vázquez

COORDINADORES

¿Por qué leer a Rosseau hoy?

editorial **fontamara**

MONTABER

¿Por qué leer a Rosseau hoy?

Antonella Attili
Luis Salazar Carrión
Julieta Marcone

MONTABER

Colección: LECTURA CONTEMPORÁNEA DE LOS CLÁSICOS

¿POR QUÉ LEER A ROSSEAU HOY?
1.ª edición (2018), Distribuciones Fontamara, SA, México, ISBN 978-607-736-519-8
2.ª edición, octubre 2024

© Distribuciones Fontamara, SA
© de esta edición, ICG Marge, SL

Edita: Montaber
Director editorial: David Soler
Brutau, 160 – 08203 Sabadell (Barcelona)
Tel. 931 429 486 – montaber@montaber.es
www.montaber.es

Diseño y realización de la cubierta: Jacqueline Pérez
Impresión: Safekat, SL (Madrid)

ISBN edición impresa: 978-84-10238-59-6
ISBN edición digital: 978-84-10238-49-7
Depósito Legal: B 17271-2024

El papel empleado en este libro no ha sido blanqueado con cloro elemental (CI_2).

El presente libro forma parte de la colección Lectura Contemporánea de los Clásicos, cuya finalidad es analizar la obra de destacados pensadores de la filosofía jurídica y política, y releerla a partir de los retos de las sociedades actuales. De ahí que el propósito último de este proyecto sea despertar la curiosidad por los clásicos, discutir su obra e insertarla en el debate contemporáneo, siguiendo siempre la máxima de Ítalo Calvino: «Un clásico es un libro que nunca termina de decir lo que tiene que decir».

Esta relectura, sin embargo, no pretende sacralizar autores ni convertir sus obras en escrituras sagradas. El objetivo, por el contrario, es hacer una revisión fresca y crítica del edificio teórico y conceptual de cada obra, sin olvidar el otro gran objetivo de la colección: atender los nuevos desafíos que enfrentan las democracias modernas y, en concreto, las asignaturas pendientes de la democracia mexicana.

La pregunta que planteamos es simple, pero fundamental: ¿Por qué leer hoy a Jean-Jaques Rousseau? ¿Qué sentido tiene, en los albores del siglo XXI, acercarse a la obra de este defensor de la democracia radical? ¿Qué conclusiones podemos deducir de su feroz crítica a la burguesía y apatía política? ¿Qué tanto le debe el neorrepublicanismo y el papel central que éste ha adquirido en la filosofía política contemporánea, a este pensador ginebrino? ¿Acaso en efecto su obra es una defensa de la democracia totalitaria y homogénea? Estas son algunas de las preguntas que se pueden exprimir de la obra de Rousseau y que Antonella Attili, Julieta Marcone y Luis Salazar Carrión desarrollan a lo largo de las páginas de esta compilación.

Attili, en primer lugar, considera que, en una primera lectura, la obra de Rousseau poco tiene que decirles a los hombres de hoy en día. La estampa rousseauniana, por ejemplo, de una sociedad idílica es diametralmente opuesta a los núcleos sociales actuales de occidente. Mientras Rousseau soñaba con países pequeños, prácticamente como ciudades-Estado, homogéneos, con un arraigado patriotismo y ancladas a la voluntad general o soberanía, nosotros vivimos en Estados con millones de habitantes, con una enorme diversidad étnica, religiosa y lingüística, fundadas en el individualismo, cuyos raseros de cohesión como nación o patria se han diluido de manera seria. La distancia entre esta noción rousseauniana y la problemática social contemporánea simplemente es abismal. Pero justo para Attili ahí es donde radica su valor como un clásico de lectura obligada: su radicalidad ante nuestra realidad.

> Para sus lectores [...] Rousseau es el autor genial de una revisión radical de la sociedad política de su tiempo que, tomando posición ante los grandes movimientos intelectuales de entonces, elabora originales concepciones que contribuirán de inmediato a dar forma a la política moderna: una apasionante concepción radical de la libertad y la poderosa idea de la voluntad general o soberanía. Precisamente por sus argumentos críticos resulta ser un autor clásico, relevante principalmente para pensar la democracia en condiciones necesarias para la libertad entendida como obediencia a la ley general creada por los ciudadanos iguales entre sí, mediante el ejercicio de un poder soberano identificado con el ámbito público del interés común, la voluntad general y la soberanía del pueblo.

Marcone, por su parte, si bien reconoce las raíces antiliberales en la obra de Rousseau, también considera que se trata de un filósofo de aportaciones indispensables para el pensamiento neorrepublicano. En efecto, contrario a líderes de esta corriente filosófica, como Pettit y Viroli, que lo ubican como una influencia clave del populismo contemporáneo, Marcone realiza un interesante recorrido con un pie en el trabajo de Rousseau y otro en las principales características del neorrepublicanismo. El resultado es una creativa y fresca relectura de la obra del autor de *El contrato social*, que resulta por demás necesaria para ponderarla de manera adecuada en estos tiempos modernos.

[…] aunque el republicanismo rousseauniano nos ofrece bastantes elementos para formular una propuesta normativa que garantice la independencia y la autonomía en sociedades como las nuestras, que se caracterizan por grandes desigualdades económico-sociales y una generalizada apatía política, tiene no obstante el defecto de pretender suprimir la pluralidad atentando contra las minorías. Y, en este aspecto, es imposible estar de acuerdo con Rousseau. Pero en mi opinión no se trata ni de hacer una apología ni una execración de Rousseau, sino de recuperar aquellos argumentos que consideramos sólidos y útiles para pensar los problemas de nuestras sociedades y descartar aquellos que pensamos que además de débiles e inconsistentes lejos están de ofrecer algún beneficio.

Por último, Salazar Carrión, con una enorme erudición, se aboca a releer los puntos neurálgicos de la obra política de Rousseau, aprovechando los tres siglos de filosofía política que se ha escrito desde el nacimiento de nuestro pensador. En este sentido, desarrolla el concepto de libertad respecto la idea de ciudadanía total; por otra parte, trabaja las tensiones que existen detrás de uno de los pilares de nuestra modernidad: el contrato social. O, como lo plantea, Salazar Carrión, ¿pacto de asociación y pacto de sumisión? Asimismo, aborda los vasos comunicantes entre la moral rousseauniana y su arquitectura institucional, entre otros temas. Se trata, al final, de un apretado texto que hace un esfuerzo por poner en el lienzo de la modernidad las diversas propuestas políticas rousseaunianas —con sus correspondientes excentricidades y ambigüedades— y, de esta manera, ofrecer un retrato por demás sugestivo de su obra. Dejemos que el mismo Salazar Carrión lo explique y, con ello, cerremos esta breve presentación para dar entrada a los textos de nuestros autores.

Pocos clásicos han suscitado reacciones tanto opuestas y extremas como Jean-Jacques Rousseau. Su elegante y provocador estilo despierta al mismo tiempo una fascinación irresistible y una irritación invencible ante una obra que a primera vista no sólo va en contra del sentido común y de las opiniones más difundidas, sino parece plagada de inconsistencias y ambigüedades, y que además difícilmente parece compatible con la vida misma de su autor.

SOBRE LAS CONDICIONES PARA LA IGUAL LIBERTAD

*Antonella Attili**

Leer a Rousseau

Interrogarse por las razones para leer hoy obras de J.J. Rousseau, de quien en 2012 se celebró el 300 aniversario de su nacimiento, es aquí preguntarse ¿por qué puede resultar interesante conocer su propuesta teórica y el ideal ético-político? ¿Por qué acercarse a los argumentos y conceptos centrales del pensamiento del polémico filósofo de Ginebra para pensar la política en el mundo contemporáneo?

La presente invitación a la lectura de la teoría rousseauniana se extiende a quienes viven en las sociedades del tercer milenio; no sólo temporalmente lejanas, sino más complejas de, inclusive opuestas a, las criticadas por Rousseau y al orden social deseado por él. Su célebre propuesta política, en efecto, fue pensada para una colectividad reducida en territorio y población, autárquica, austera, virtuosa, aislada; con Estados no corruptos y pueblos fieros de su libertad, en la que el ciudadano virtuoso se entrega a la comunidad y busca activamente el bien común. Específicamente pensada para una sociedad concebida como comunidad orgánica, en la que la colectividad y el Estado poseen prioridad lógica, ética y política ante los individuos; tradicionalista y conservadora, además de sexista y antipluralista. A mediados del siglo XVIII el autor proponía un modelo de Estado y República ex-

* Doctora en Filosofía por la FFYL-UNAM, profesora del Departamento de Sociología de la UAM-Iztapalapa y miembro del Sistema Nacional de Investigadores (SNI).

plícitamente apto, si acaso, para pequeños territorios, como la isla de Córcega o Polonia y Ginebra; pueblos famosos por su patriotismo, su recio amor por la independencia, decía él, con «instituciones sólidas y hombres ilustres», mediante las cuales el Estado forja ciudadanos. Las sociedades actuales son, por el contrario, densamente pobladas, con territorios extensos, interdependientes, reunidas en bloques regionales y uniones políticas supranacionales, permeadas por el derecho supraestatal. Están gobernadas por democracias de tipo pluralistas, en Estados constitucionales de derecho que preservan derechos fundamentales, fundadas en el individualismo, ejerciendo las modernas libertades privadas y derechos individuales. Entre sus ciudadanos se incluye también a las mujeres a quienes se les reconocen (si bien tardíamente en la historia reciente) derechos civiles, sociales y políticos. Vivimos además en sociedades desencantadas de una política sometida a la Economía, de las instituciones públicas tradicionales y de la participación democrática en el espacio público, con ciudadanos idiotizados por la personalización y la video-política, que votan por opciones antipolíticas.

Pues bien, ¿qué ofrecen las ideas de Rousseau a quienes habitan tales sociedades, profundamente transformadas en las precedentes tres décadas por el proceso de mundialización o globalización precisamente en aquellos tres aspectos social, político, ético-cultural, centrales tanto en el diagnóstico de su sociedad, como de la propuesta teórica elaborada? Las sociedades de la aldea global, todavía en transformaciones profundas en el ámbito técnico-científico con la revolución tecnológico-digital y de la información, a diferencia del siglo XVIII, están siempre más conectadas entre sí; los intercambios de diverso género desbordan los confines nacionales y regionales, escapan al control de los Estados. Tales hechos, si bien favorecen la democracia y sus posibles avances, también rebasan con sus medios y expresiones que favorecen, aquellas formas tradicionales de la participación y expresión políticas conservadoras en pequeñas comunidades orgánicas.

Estas sociedades postindustriales y postnacionales, frutos del triunfo de la desregulación de los mercados financieros y el modelo económico del capitalismo salvaje propio de la ideología neoliberal, se caracterizan por la intensificación de la interdependencia entre los

Estados, al enfrentar los problemas de alcance global,[1] por el crecimiento exponencial de la desigualdad y la creciente marginalización de las masas en miseria. Son sociedades (que el autor llamaría) «degeneradas», política y culturalmente, por las pasiones y los excesos del hiperconsumo, en profunda crisis de los gobiernos y asimismo de los Estados; marcadas por la desconfianza en la misma democracia constitucional y su Estado de derecho. En particular, son cuestionadas la función y calidad de la educación en general, sus objetivos cívicos y morales en sociedades denominadas «de la información y el conocimiento», en las que, sin embargo, la cultura y el saber no llevan la batuta (se lee muy poco, con dificultades) y el alcance educativo de las instituciones públicas ha declinado.

Teniendo presente dichos aspectos social, político y cultural, hoy el interés por este pensador puede ser encontrado sobre todo en la potencia crítica de sus reflexiones ante una realidad preocupante y desafiante, debido a los procesos de mutación en curso, a las tendencias problemáticas. Para sus lectores (incluso más allá del restringido público cautivo de entusiastas académicos), Rousseau es el autor genial de una revisión radical de la sociedad política de su tiempo. Tomando posición ante los grandes movimientos intelectuales de entonces, él elabora originales concepciones que contribuirán de inmediato a dar forma a la política moderna: una apasionante concepción radical de la «libertad» y la poderosa idea de la «voluntad general» o «soberanía». Precisamente por sus argumentos críticos resulta ser un autor clásico,[2] relevante principalmente para pensar, en el contexto de la democracia, cuáles son las condiciones necesarias para la libertad, entendida como obediencia a la ley general creada por ciudadanos iguales entre sí (cfr. siguiente apdo.), mediante el ejercicio de un poder soberano identificado con el ámbito público del interés común, la voluntad general y la soberanía del pueblo (cfr. tercer apdo.). Aun en la vertiente propositiva de un nuevo orden, su teoría política

---

[1] Propios de un mundo con una población mundial 7,200 millones, flujos migratorios inéditos, crimen organizado, tráfico de armas, trata de personas, terrorismo fundamentalista, emergencias ambientales y de salud, crisis financieras y económicas; problemas que exigen una «política interior del mundo» (*Weltinnenpolitik*, expresión exitosa de C.F. von Weizsäcker, retomada por muchos autores).

[2] Norberto Bobbio (1985), "Estado y poder en Max Weber", en *Estudios de historia de la filosofía*, Madrid, Debate, pp. 257-258.

resulta muy interesante a la vez que irritante por sus contenidos, por la fuerza crítica de argumentos e ideas, que son capaces de contrastar el ideal de un orden político legítimo, y sus condiciones necesarias, con la cruda realidad y los limitados márgenes de actuación para conducir la sociedad hacia otros modelos.

Entonces es principalmente en la dimensión reflexiva crítica de su teoría política, eficaz en perfilar criterios, principios y coordenadas claras para pensar un orden político legítimo (republicano para él, para nosotros democrático pluralista), donde encontramos material de gran interés e impactante fuerza comunicativa, no en una propuesta práctica viable. Esto debido a que la teoría de Rousseau ha sido señalada por sus ambigüedades, tensiones y contradicciones. Pues no sólo ha dado origen a interpretaciones muy distintas y contrastantes que complican su clasificación, sino con su ideal de libertad fundada en la igualdad y expresada en la voluntad general inspiró —pese a las intenciones del mismo autor— experiencias políticas autoritarias, propias de ideologías revolucionarias y maximalistas («del todo y ahora» a todo costo). Sin duda esta capacidad de suscitar reacciones tan opuestas es lo que hace de Rousseau un autor ante el que no se permanece indiferentes. Ítalo Calvino dijo contundentemente de él:

> Todo lo que Jean-Jacques Rousseau piensa y hace me conmueve, mas todo me inspira un incoercible deseo de contradecirle, de criticarlo, de pelearme con él. Tiene que ver con su antipatía personal en el nivel temperamental, pero por eso simplemente debería dejar de leerlo, mientras que no puedo más que considerarle entre mis autores.[3]

Es sin duda un pensador único, sugerente para pensar críticamente problemáticas políticas de fondo, específicamente: la insatisfacción por la situación crítica de la libertad democrática, la desigualdad económica creciente, la debilitación del Estado constitucional y democrático de derecho en cuanto representante de la soberanía del pueblo y responsable del interés público. Las dos concepciones rousseaunianas de libertad republicana y de soberanía popular se tornaron categorías que pasaron a formar parte del bagaje cultural y de la herramienta científico-cultural. Ambas se han vuelto referentes importantes para la historia

---

[3] Ítalo Calvino (2001), *Perché leggere i classici*, Torino, Einaudi, p. 10.

del pensamiento de la sociedad y la política. Hoy estas concepciones de libertad de los ciudadanos y del poder soberano del Estado legítimo resultan relevantes y actuales para las sociedades democráticas. Lo son en particular modo para aquellas democracias de reciente construcción, como la que se edifica dificultosamente en México en los tiempos de la globalización.

A la vez, analizar sus categorías de voluntad general y de soberanía del pueblo, y del ejercicio de ésta, contribuye a confrontar los contenidos propios de una concepción específica del ejercicio del poder en sociedades democráticas que ha probado históricamente ser fatal para la sociedad moderna, diferenciada y plural. Reflexión importante para reconocer aquellos significados que hoy pueden ser válidos de «voluntad popular» y «soberanía del pueblo» en las democracias constitucionales de la actualidad, para disponer de elementos oportunos de ponderación crítica en un periodo de crisis para el buen gobierno de la democracia.[4] Estas dos categorías contribuyen aun hoy a pensar críticamente en la libertad y en el poder político soberano; temas fundamentales e ineludibles, reformulados diversamente, pero recurrentes en la teoría política. Los conceptos de voluntad general y soberanía del pueblo ayudan así a ponderar, *con* y *contra* Rousseau, la situación de la democracia, su posible futuro, en una época de crisis de la acción política del poder del Estado y ante los desafíos (como la desigualdad, la inseguridad, la discriminación) que favorecen la degeneración de los gobiernos democráticos en democracias aparentes o en su contrario.

Libertad y Ley

El polemista Rousseau critica la Ilustración y los «filósofos felices» de su tiempo, quienes reivindicaban con obras y acciones los intereses y derechos de los individuos, promovían el gobierno de un poder ilustrado, confiaban en la emancipación y el progreso de la humanidad, empero no cuestionaban el andamiaje político existente, volviéndose en buen medida funcionales a éste. No obstante, polemizará

---

[4] A. Attili, "Voluntad popular y soberanía del pueblo. Pensar hoy la democracia con Rousseau y Schmitt", en Gallegos Enrique *et al.* (coords.), *Tras las huellas de Rousseau*, México, DCSH, UAM.C.

a propósito de las pretensiones y alcances efectivos del Iluminismo, siendo él mismo un pensador ilustrado. Reivindica la razón para la emancipación en un entorno artificial, promueve la relación entre poder y cultura, ya que sin ella, dice: «los doctos no pensarán grandes cosas, ni los príncipes realizarán grandes acciones y los pueblos seguirán siendo viles, corruptos e infelices»;[5] aunque es escéptico con respecto a los alcances y la sustentabilidad de la labor de ilustración. Mas entre los iluministas, Rousseau en realidad destaca por su específico objetivo teórico-político de investigar «las reglas de administración legítima y segura», queriendo unir el derecho al interés, la justicia a la utilidad. Con ello cuestiona el orden de las instituciones del que de ahí en breve será denominado el *Ancien Régime* o Antiguo Régimen, llegando a inspirar posteriormente el pensamiento político utópico, si bien en modalidades indeseadas por él.

En este sentido es muy acertado el señalamiento de Ernst Cassirer, quien en los años treinta ponía de relieve cómo el filósofo francés estaba preocupado, a la vez que interesado, en la influencia del gobierno sobre los hombres y su acción, su vida. Afirmando que «todo depende radicalmente de la política», Rousseau llama la atención sobre tal influencia en la vida de los súbditos: ejercida ya sea para orientarlos a la elevación, esto es, a grandeza, sabidurías, nobleza); o, más bien, para llevarlos a la degeneración, maldad, vicio; esto es, a servidumbre y despotismo, a todo lo que conduce a ellos, como el prejuicio, los intereses mezquinos, el egoísmo. Enfatiza el peso de los gobiernos en dar forma, en plasmar a sus poblaciones y promueven intencionalmente visiones de «pueblo». Debido a esta certeza, en él la cuestión vital de la teoría política deviene la de señalar la mejor forma de gobierno posible, orientada a crear un pueblo virtuoso: «¿Cuál es la naturaleza de gobierno propia para formar un pueblo lo más virtuoso, lo más esclarecido, lo más sabio posible?».[6] Virtud, ilustración y sabiduría del pueblo son la preocupación para el orgulloso ciudadano de la República de Ginebra y el fin que asigna al Estado, porque concibe a la obediencia de los súbditos hacia sus gobiernos como sometimiento de hombres dignos exclusivamente a la ley que los hace libres ciudadanos. Por este motivo, la cuestión anterior de

---

[5] Uno de los temas sobresalientes del *Discurso sobre las ciencias y las artes.*
[6] Rousseau en *Confesiones.*

16

reconocer cuál es el gobierno que forma un pueblo virtuoso remite a otro problema que, precisamente, atañe a la preocupación por asegurar el efectivo gobierno de las leyes: «¿Cuál es el gobierno que por su naturaleza se mantiene siempre los más cercanos de la ley?».[7]

Planteando estas preguntas principales, el autor dirige su crítica a la sociedad moderna, en la cual con la transformación de la sociedad tradicional los hombres han perdido de vista el bien común, «la bella comunidad antigua», el espíritu de la comunidad por sobre los individuos. Pero con su teoría no propone un modelo práctico o concreto. Le interesa establecer cuál es la base o fundamento del poder y de la autoridad política. Su objetivo es el de esclarecer la legitimidad de un Estado o de la República, en la que los ciudadanos son libres.

Al leer cómo Rousseau trata el tema de la libertad en una república, destaca la fuerza emocionante con la que reivindica la prerrogativa de los individuos de ser libres, su connatural libertad. En contra de la servidumbre y el sometimiento a déspotas y tiranos, en oposición a la sumisión a las cadenas ilegítimas del gobierno de los hombres a la voluntad de un particular, el filósofo francés es el pensador de la libertad entendida como autonomía absoluta de ciudadanos iguales, donde por igualdad entiende la necesaria igualdad civil (moral y legal) para lograr la verdadera libertad, aquella que afirma la dignidad humana. La igual libertad de los ciudadanos es objetivo y característica de la ambicionada «administración legítima y segura» que sea capaz de unir en su orden político derecho (ley) e interés, justicia y utilidad. En su diagnóstico aparece, reformulada con contagiosa pasión en los argumentos rousseaunianos, aquella denuncia radical hecha en el siglo anterior por La Boetie,[8] no sólo de la servidumbre, sino de la voluntaria aceptación de tiranía y despotismo, «del gobierno de uno», con pasividad calculada, intencionada, por interés egoísta, por parte de los individuos y pueblos. Para Rousseau no sólo la libertad es un bien natural irrenunciable para el ser humano y la fuerza no justifica el sometimiento a otro; como La Boetie, él denuncia esa voluntad de servir con entrega e indaga los resortes de dicha

---

[7] Rousseau, *op. cit.*

[8] Con el *Discurso sobre la servidumbre voluntaria* o *Contra el uno, el poder de uno* (como fue rebautizada su obra) de 1574, proporcionó una contundente argumentación en contra del despotismo.

disposición a la servidumbre. Además de la fuerza, las armas y los ejércitos, también analizan como factores que explican el sometimiento ilegítimo a la vileza; al amor propio que implica el interés egoísta, utilitarista y particular (vinculado a propiedad y acumulación riqueza, explotación y esclavitud); al engaño del pueblo por parte de las razones especiosas y el intercambio inicuo, así como a las astucias del tirano. Esto es, Rousseau denuncia los males sociales, como la costumbre, la ignorancia, las religiones, por las cuales el pueblo mismo consiente a su mal: contra tal tendencia a la dependencia y sometimiento a poderes sin derecho (por ser poder de la fuerza o del dinero), el autor opone la educación del pueblo y subraya la importancia de la función formadora de las instituciones políticas. Una dimensión política en la que se busca preservar el valor de la dignidad moral del ser humano y de su libertad; una concepción de Estado legítimo como aquél en el que la relación política entre gobernantes-gobernados es establecida, regulada por la ley general, uniendo de este modo la libertad con la ley. Para que exista la obligación legítima o el deber de obedecer es «necesario transformar la fuerza en derecho y la obediencia en deber».[9] Mas derecho y esclavitud son para el autor «conceptos excluyentes». Así se perfila la fascinante reflexión rousseauniana sobre la República o Estado legítimo y sobre la forma de gobierno que son necesarias para acercarse (atención a la prudencia del verbo) al objetivo de asegurar la libertad de los hombres.

Nótese, en segundo lugar, que la igual libertad es un bien que exige condiciones sociales fundamentales para ser realizable, so pena la ilegitimidad del Estado. La igual libertad natural (propia del estado de naturaleza de los hombres) es para Rousseau un bien que hay que preservar. No es un mal al que renunciar, como en la postura absolutista de Hobbes, autor que no hacía distinción entre estado o condición de naturaleza y estado de guerra; tampoco es problemática como en la teoría política de Locke, quien, si bien considera la libertad como objetivo del Estado fundado en el pacto de asociación, concibe a la propiedad como elemento consustancial de la libertad humana y

---

[9] El pasaje brillante de Rousseau afirma: «el más fuerte nunca es bastante fuerte para ser siempre el amo si no transforma su fuerza en derecho y la obediencia en deber», *El Contrato social*, libro I, cap. III.

18

establece la sumisión del pueblo (además de la asociación)[10] al poder soberano. Para Rousseau es tajantemente incompatible con la naturaleza humana renunciar a la libertad; ésta es un derecho irrenunciable, ya que alienarla o privarse de ella sería despojarse de la moralidad. Tan es así que, pese a la enajenación total e igualitaria de derechos prevista al sellar el pacto de asociación, la igual libertad alcanzable en el orden civil legítimo será mayor y más segura, por estar respaldada en la fuerza común. Además, la libertad rousseauniana es autarquía, absoluta independencia de los individuos de otros poderes; sólo se realiza y ejerce en condiciones de igualdad entre los hombres, de una igualdad no sólo política, sino a la vez igualdad social, de condiciones materiales o económicas y de idénticos derechos. En efecto, dicha autonomía implica no tener que depender de la propiedad, de la riqueza material, ya que ésta introduce la dependencia de las cosas, asimismo la desigualdad entre los ciudadanos y la dependencia de otras personas que resta libertad a los hombres. El poder económico promueve entonces la diferencia, la dependencia; a la vez, necesita de un poder y del derecho que defiendan la propiedad. Esto conlleva, por una parte, establecer con la desigualdad material las desigualdades políticas y por ende la dependencia entre los individuos; es decir, instalar el poder del más rico y el derecho del más fuerte, del privilegio y del nacimiento (o de la cuna). Esta realidad que niega la igual libertad, por otra parte, trae consigo el conflicto y la lucha en la sociedad; esto es, la desigualdad social y política es causa del estado de guerra o del conflicto, que en Rousseau no es propio del estado o condición natural de los hombres, sino más bien del estado civil fundado en el pacto inicuo. Tal poder es ilegítimo al estar fundado arbitrariamente en la desigualdad entre hombres y al perpetrarla recurriendo al despotismo (aun el del monarca ilustrado) que es el gobierno sobre esclavos o siervos, ya que sus instituciones políticas y jurídicas no observan como fin el ejercicio de la igual libertad y de los derechos políticos. Para él la libertad en condiciones de igualdad es un bien irrenunciable; por ende, un deber moral y político.

---

[10] La figura del pacto o contrato que da origen a la sociedad civil o política no es acompañado necesariamente por un acuerdo de sometimiento. Ver Norberto Bobbio, "Algunas variaciones del tema", Apdo. "El modelo iusnaturalista", en N. Bobbio y M. Bovero, *Origen y fundamento del poder político*, México, Grijalbo.

Es por ello, ahora subrayamos en tercer lugar, que el eje primario de su reflexión crítica, sobre las formas legítima del Estado y del gobierno, es la preocupación por la cercanía de éstos a la ley, en cuanto factor determinante para el fin evitar y prevenir la sumisión indigna de los hombres, motivada ya sea por miedo, necesidad, interés o indolencia, al poder de la fuerza, del dinero, de la manipulación. El someterse únicamente a la ley soberana es un principio compartido por los filósofos contractualistas modernos, para quienes el pacto social expresa la aceptación racional y voluntaria de la obediencia a los mandatos del Estado, autoridad civil común que tiene el poder supremo de dictar la ley apoyándose en la fuerza. También en Rousseau encontramos, así, tanto esa centralidad de la autonomía y autodeterminación humanas en el pensamiento político moderno para concebir el origen y fundamento (en la inteligencia o razón y libre elección o decisión, en la moralidad) del orden social y para transformarlo (poniendo el arbitrio humano en primer plano), como la centralidad del sometimiento a la ley, que realiza el ideal antiguo del gobierno de las leyes, y no el someterse al gobierno de los hombres, al dominio de la fuerza, de la riqueza y del arbitrio. Contra estos poderes sin derecho, truenan los argumentos del autor: se les obedece por necesidad, miedo, prudencia; mas no por voluntad ni se deriva de ello ninguna moralidad, ningún deber.[11] Marca la diferencia con respecto a los otros iusnaturalistas modernos la específica concepción de la ley en Rousseau. Él se detiene en la cuestión central de esclarecer «qué es la ley», de cuyo significado depende nada menos que el significado del carácter legítimo del poder político de Estados y gobiernos.

En efecto, en cuarto lugar, la importancia de la sugerente reflexión del filósofo francés sobre qué entiende por «ley» y «cómo pueden ser» (conocer los hombres como son y las leyes como pueden ser). Ésta es la ley general o universal, que expresa la voluntad general, el interés común y público, por encima de las voluntades particulares (de sujetos, individuos) e del interés privado. Es creada por la asamblea de ciudadanos, quienes al crear la ley, cada uno pensando en sí mismo, establecen el interés común o del todo. Las leyes generales tienen un carácter precisamente «general» o derivado de

---

[11] «Ceder a la fuerza es un acto de necesidad, no de voluntad; es a lo más un acto de prudencia. ¿En qué sentido podrá ser un deber?», *El Contrato social*, ídem.

ser impersonales, anónimas y supremas; son inalterables, pocas, y trascienden los intereses de los particulares. Los ciudadanos se sujetan a la ley general sin perder su libertad, ya que al hacerlo obedecen a la voluntad común o de todos, voluntad e interés general que ellos definieron. Obedecen entonces a sí mismos, mas a nadie en particular (es decir, no a al arbitrio personal). Tal concepto de ley se opone al dominio de las voluntades particulares, a la mera fuerza o a la ley del más fuerte, que tiene como base las diferencias en poder, riqueza, fuerza. También se opone polémicamente a las leyes del Estado moderno que se estaba afirmando en Francia concentrando el derecho a crear leyes en sus manos (además de centralizar el recurso a las armas en un poder político soberano unificado y monopólico), como fuente jurídica exclusiva y excluyentes.

Pero dicho proceso de centralización jurídica, racionalización y legalización del poder en las manos del Estado burocrático-administrativo, posteriormente analizado por Max Weber, estaba bajo el dominio de un gobierno monárquico despótico, el mando de una voluntad arbitraria y particulares sobre súbditos, siervos y esclavos. Más bien, la ley general, que por definición es tal en la forma como en el contenido, asegura que no es deber (obligación) obedecer a la fuerza (sólo necesidad), sino únicamente a la ley expresión del interés común (no a hombres, ni a la fuerza, o riqueza) y libera a los hombres de la dependencia del arbitrio de particulares. Nótese como no es la concepción absolutista hobbesiana de la ley, de un monarca quien establece la orden o mando, distinta y por encima de la libertad de los súbditos, que en Rousseau va en contra de la dignidad y el derecho. Tampoco es la concepción liberal de la ley, ley del parlamento conformado por los representantes del pueblo, ni la ley que tiene como objetivo asegurar y defender la propiedad, base necesaria en el liberalismo para vivir como hombres libres. Por el contrario, la ley general en tanto interés común establece el deber de obediencia a la ley y a la autoridad legítima, al tener como base la igualdad civil (que es a la vez política y social) que los libera de toda dependencia personal.

Debido a ello, en Rousseau la obligación de obedecer a la voluntad general equivale a la obligación a ser libre.[12] La ley general, que por sus características libera las relaciones políticas o públicas del

---

[12] *El Contrato social*, libro I, cap. VII.

abominado dominio del árbitro particular, es aquella propia de la condición civil positiva, del Estado legítimo porque fundado ahora (en la fase última de la tríade que ve la superación del estado de guerra) en el pacto de asociación justo entre individuos iguales y autónomos.

La reflexión rousseauniana sobre la ley general como expresión del interés común, sobre la voluntad general que en forma y contenido de la ley es la base de un Estado legítimo o una República, tiene como finalidad la de responder a la cuestión del Estado y gobierno «que se mantienen más cercano a ley», que persigue el fin y la función de asegurar el bien de la igual libertad connatural a los seres humanos como deber moral y político de los pueblos, o de los ciudadanos que integran una República, quienes están llamados en causa en calidad de sujetos primarios con el deber de participar activamente en formar y expresar y realizar el interés general. ¿Y para nuestros días? El conocimiento claro de qué es y debería ser en sustancia la ley general, la conciencia de aquella que debe ser considerada tal, sirve para establecer que deben mantenerse apegados Estados y gobiernos para que puedan ser reconocidos como legítimos. Sirve, a la vez, como criterio para que los ciudadanos reconozcan y evalúen el carácter ilegítimo del poder sin derecho (de la mera fuerza o de los poderes *de facto*) que abusa de los derechos de todos, y cuestionen los privilegios exigiendo que en su lugar se garanticen derechos, apegándose así los mismos ciudadanos al interés general expresado en dicha ley para trascender el interés particular. Es relevante en la actualidad el problema de la ley para no perder de vista, en medio de la crisis de la democracia y sus instituciones públicas, la conciencia de la importancia de cuidar que la política, en su ordenamiento jurídico y político, mantenga como objetivo primario el interés colectivo por encima de los intereses privados o particulares y la exigencia de sentar condiciones para hacer ciudadanos libres e iguales, a quienes se garanticen derechos fundamentales, la independencia del abuso, de poderes *de facto* de diverso tipo.

Pero es oportuno también subrayar que Rousseau señalaba cómo la primacía de la ley general era determinante en particular para que el Estado no viera debilitada su voluntad soberana por los intereses particulares, porque éstos instauran una dependencia «que quita fuerza al Estado», le resta independencia o autonomía. Ello deja la lección de cómo, al perseguir el objetivo político de la igual libertad de todos los ciudadanos mediante la ley concebida o valorada desde la perspectiva del interés público y de la voluntad general (en la que rousseaunianamente se busque unir derecho y justicia con interés y utilidad), se asegura tanto la independencia de los ciudadanos como se preserva a la vez la autonomía del Estado. Un planteamiento que hoy ayuda a tener presente la oportunidad de reflexionar con conciencia en torno a la necesidad del poder público y autoridad legítima del poder estatal (y sus gobiernos), que no sea un Estado débil, ni ineficaz, pero tampoco autoritario ni indiferente a su deber de promover derechos civiles y sociales. Esto es, capaz de encargarse de la condición necesaria en una República, para que sus instituciones públicas cumplan con la función de formar ciudadanos con derechos-deberes (si no virtuosos en sentido ético), responsables en sentido cívico democrático, y sean las encargadas de sentar las condiciones de viabilidad para el ejercicio de una ciudadanía participativa en decisiones sobre contenidos políticos de interés colectivo.[13]

El ideal democrático rousseauniano de igualdad y libertad hechas realidad a través de la ley (o *volonté générale*, colectiva y abstracta), ayuda así a colocar en el centro de la preocupación actual por la situación política la importancia de las leyes necesarias para la democracia y para que se afirme la soberanía del pueblo.

Estado legítimo y ejercicio de la voluntad general

El valor que asume el interés común o voluntad general en el orden jurídico y político del Estado legítimo (basado en la igual libertad de los ciudadanos), con los apasionados argumentos de Rousseau, marca la importancia del estrecho vínculo entre Estado legítimo y ámbito público. Vínculo que constituye una cuestión decisiva, muy sugerente para la lectura contemporánea de su obra desde la perspectiva democrática pluralista.

Para realizar la libertad en condiciones de igualdad con base en la ley común a todos, el pensador ginebrino propone la célebre concep-

---

[13] L. Ferrajoli (2014), "¿Crisis económica, colapso de la democracia?", en L. Salazar (coord.), *¿Democracia o posdemocracia? Problemas de la representación política en las democracias contemporáneas*, Ferrajoli: Apdo 2. *Las causas*, Eds. Coyoacán, México.

ción de Estado de derecho ético que tiene como fin la formación de un pueblo virtuoso y feliz, promover las virtudes públicas en una comunidad, en la cual el ejercicio de la libertad política de los ciudadanos coincida con el interés general. Se trata de su ideal republicano de la mejor forma de Estado posible (dadas las condiciones existentes, por ende no de la *optima repubblicae* ni realizable de manera perfecta ni definitiva), del Estado Razón con valor ético. Esto es, una colectividad orgánicamente entendida donde el hombre se realice plenamente, entero y digno, entregado totalmente al Estado y no dividido entre las esfera privada de los intereses particulares y el ámbito público del interés de la unidad política, so pena la desdicha del hombre y la infelicidad del Estado.[14] Rousseau piensa en una república donde interés común y libertad cívica de los ciudadanos coinciden en la voluntad general no vinculada o limitada y en el autogobierno de los ciudadanos en la Asamblea General soberana. Es el modelo de renovación o formación moral de los ciudadanos cívicamente virtuosos para la sociedad surgida de la crisis del mundo tradicional. En el *ethos* del derecho el ciudadano, educado por el Estado en la virtud pública y en el deber de someter su voluntad individual a la voluntad de la comunidad (o general) expresada en leyes generales, reconoce su propia voluntad. Los ciudadanos no son súbditos ni siervos ni esclavos del poder político; tampoco son individuos envilecidos por gobiernos degenerados. A la vez, en el ámbito público del ejercicio de las virtudes cívicas, se afirma la supremacía del Estado y de la ley general. Es interesante comprender la defensa de un tal ideal político, que intenta combinar individualismo moderno con organicismo del mundo antiguo, en tanto da respuesta al problema de encontrar una nueva argumentación válida para la legitimación del poder para su época.

La búsqueda de un nuevo principio de legitimidad era necesaria para Rousseau ante las tendencias y los conflictos desarrollados por los procesos que caracterizan a la temprana modernidad: la secularización del poder político y del derecho frente a la moral y la religión. Una tarea que en buena medida comparte con los autores iusnatura-

---

[14] Contestando a un cuestionario (en *Fragmentos sobre la felicidad pública*), Rousseau señala la contradicción entre el hombre y el ciudadano como causa de la miseria humana, por lo que concibe al hombre o «entregado totalmente al Estado o entregado totalmente a sí mismo», aislado de la sociedad. J.J. Rousseau (1977), *Ouvres complètes*, vol. 2, París, Edition du Seuil.

lista de la filosofía política moderna, aunque su pensamiento destaca por buscar una alternativa de tipo radical y conservadora al poder despótico del Estado monocrático. Si bien su concepción de la política es ella misma moderna, ya que corresponde a la concepción de un orden político de tipo artificial y racional, que los individuos evalúan desde la perspectiva del ciudadano o *ex parte populi* y crean con base en el consenso al momento del pacto de asociación, la teoría de Rousseau puede ser entendida como reacción original a importantes procesos conflictivos de la modernidad incipiente, que resultarán determinantes a la postre.

Principalmente, tales procesos son: la afirmación del individualismo, el avance de una esfera social independiente de la esfera política y de un ámbito privado en tanto espacio autónomo del ámbito público. Dichos fenómenos de ruptura de la cohesión social y la moralidad de la sociedad tradicional, promovida por concepciones individualista, particularista e instrumentalista propias de la sociedad en vía de modernización, eran percibidos por Rousseau como negativas u obstáculos para concebir la unidad política del Estado legítimo, de una República, dotado de valor superior. A su juicio, la afirmación del individualismo y de las relaciones sociales entre ciudadanos autónomos e indiferentes a los asuntos públicos y políticos socavaban nada menos que la entrega del ciudadano al Estado, propia del ideal republicano de la Antigüedad. Por su parte, la concepción instrumental del Estado secular, poder centralizado y despersonalizado, mero aparato, alejaba de la posibilidad de hacer percibir el Estado como fin o valor en sí mismo. Y más bien comunicaba la imagen del poder estatal público en tanto instrumento para alcanzar otros fines que, según la corriente en cuestión, serán: la seguridad, el alcanzar la felicidad, el bienestar, la utilidad del mayor número o la potencia mayor.

Dicha concepción instrumental favorecía que el poder estatal fuese considerado un mero aparato para la administración por parte del poder ejecutivo, conduciendo a la confusión errónea del Estado soberano (su voluntad general y leyes generales, su soberanía) con el gobierno (sus gobiernos, meros ejecutores de la voluntad del todo con base en la fuerza de las armas). Por el contrario, los argumentos críticos del filósofo francés aportan la crucial distinción clara entre «Estado» y «gobierno», para distinguir el poder supremo legislativo de la Asamblea de ciudadanos (el Estado legítimo) con poder ejecutivo, de los gobiernos encargados de su administración. En efecto, los gobiernos son temporalmente los encargados de la gestión de las políticas públicas; poder que, en tanto relativo a las voluntades particulares, debe estar sometido a la voluntad general del legislativo y así al imperativo ético de la libertad, so pena favorecer los abusos de poder. El enfoque ético normativo rousseauniano intenta contraponer de esta manera a las nociones instrumentales, eudemonista y utilitaristas del poder político, las cuales degradan la superioridad del poder estatal, el valor ético asignado al Estado (como en sí mismo, como Bien mayor);[15] poder que en la ley general asegura la realización de la dignidad de los individuos libres e iguales. Sometidos únicamente a la ley —recordemos—, los ciudadanos, hacedores de leyes, se autogobiernan.

La elocuencia rousseauniana que describe esta concepción del interés público supremo o de la voluntad general, expresada —decíamos— por la colectividad en el orden jurídico y político del Estado legítimo, ejerció gran influencia en las tomas de postura teórica y política de corrientes radicales, como la de los revolucionarios jacobinos, socialistas, marxistas. Sin duda su atractivo se percibe desde una lectura contemporánea de su obra, al acercarse a esta propuesta filosófica que reinterpreta en clave republicana el momento hipotético del pacto social o contrato de asociación a la base del orden político, afirmando la igualdad en la condición política y social como condiciones para el ejercicio de la libertad de todos en la creación de leyes, sin que dicha libertad esté sometida o vinculada por poder alguno.[16] El principio de igualdad democrática, sustentado por el filósofo francés de manera innovadora, afirma la igualdad en los derechos de participar en el proceso decisorio (que requiere irrenunciablemente de la confrontación y deliberación) y se expresa únicamente en el orden —arriba señalado— de leyes supremas, normas fundamentales que establecen el interés público o de todos. La ley[17] sólo es legítima por

---

[15] Esto a diferencia de las concepciones del Estado como mal necesario del liberalismo.

[16] Hipótesis contrafáctica (o no real) que tiene la función de pensar la convivencia en ausencia de un poder común; a diferencia de otros iusnaturalistas, Rousseau descarta el pacto de sometimiento a dicho poder común, que a su juicio acabaría con la libertad.

[17] Rousseau llama ley «el acto» por el que «el pueblo estatuye sobre todo el pueblo»; «la materia sobre la cual se estatuye es general como la voluntad que estatuye», *El Contrato social*, libro II, cap. VI.

26

fundarse en la voluntad general que es la voluntad del pueblo como un todo. La asamblea de todo el pueblo reunido es quien se encarga de reconocer y defender tal voluntad general.[18] La *volonté générale* de Rousseau, que es decisión colectiva del cuerpo político tendiente al interés común (por encima de los intereses particulares y en contra del poder del más fuerte), representa entonces el ideal de un orden moral y jurídico expresado en leyes impersonales; las solas capaces de asegurar la libertad del hombre entendida como obediencia a la ley que (por definición) establece siempre el interés público.

Con la voluntad general rousseauniana, aquella sensibilidad cultural moderna, que pondera el concepto de poder *ex parte populi* y afirma la autonomía o la autodeterminación de los seres humanos, se convierte en el grandioso ideal del autogobierno de la voluntad general del pueblo soberano, en contra del poder de la fuerza o de los privilegios (que es *un poder sin derecho*), en defensa de los derechos de los hombres y ciudadanos en una república de tipo democrática. Por otra parte, la idea del «pueblo» entendido como sujeto unitario y originario deviene (después del monarca, del legislativo o parlamento) un poder constituyente (sin pasar a ser un poder constituido) y soberano (legislador), no sometido a vínculos (por otros poderes o leyes). Poder que —ahora—, a partir de ambos principios de igualdad y libertad, decide y diseña las relaciones políticas y sociales (cuya realización será función del gobierno). La voluntad general y su soberanía, expresión de la asociación de libertades, no pueden, según Rousseau, ser representadas o delegadas a poderes de gobierno personales, pues la «Soberanía consiste esencialmente en la voluntad general y ésta no se representa».[19] Además de dicha imposibilidad de tener «representación», voluntad general y soberanía son supremas y «absolutas», en cuanto no hay pacto de sometimiento ni para limitar dicho poder. Tales son las características que la soberanía (siguiendo en esto la concepción absolutista de Hobbes) debe tener para ser legítima y así justificar una obediencia realmente sustentada en el consenso de los asociados.

[18] Según el modelo de la democracia directa de la antigüedad, espartana y romana o como en algunas de la posibles interpretaciones de la constitución de Ginebra de la primera mitad del siglo XVIII, rescatando estos dos ejemplos clásicos de austeridad y virtudes cívicas.

[19] *El Contrato social*, libro III, cap. XV.

La voluntad política colectiva que (al no tener representantes) requiere de la participación directa de los ciudadanos en la Asamblea y asimismo del pueblo como titular de la soberanía absoluta, a los ojos de Rousseau pueden asegurar la supremacía que el autor buscaba para el Estado (legítimo) sobre el ámbito privado, los intereses particulares, la perspectiva individual, la esfera social. Y ciertamente una tal voluntad política soberana, con pocos límites ante los derechos individuales y fácilmente removibles si la razón del Estado lo requiere, proyecta un poder colectivo que posee esa gran influencia necesaria para dirigir la vida de sus pueblos. Pero nótese cómo corresponde históricamente a la concepción monista del Estado, del derecho y de la soberanía, la cual afirma el poder político supremo (aun el legislativo) de tipo absoluto y se apoyó en la concepción del pueblo como un macro-sujeto en época revolucionaria y nacionalista. Tal concepción de voluntad general es la que resultó ser sumamente problemática porque el autor entiende una adhesión total o sin reservas de parte de los ciudadanos a la voluntad general y soberanía absoluta del pueblo,[20] planteando así relevantes contradicciones y tensiones entre tal apasionado ideal de un Estado de derecho ético y el peso aplastante del poder político sobre la sociedad y los derechos individuales (de distinto tipo).[21] En efecto, a esta noción de soberanía se acompaña la idea de unidad política todavía como sistema monolítico de valores que no respeta los derechos de los individuos. Sobre todo después de los regímenes autoritarios de los totalitarismos de derecha y de izquierda de la primera mitad del siglo XX, nuevas concepciones de voluntad general y soberanía del pueblo se instituyeron en las democracias constitucionales y pluralistas de la posguerra. En las democracias contemporáneas, el interés público y la soberanía del pueblo se identifican hoy con los contenidos comunes básicos de la convivencia civil democrática presentes en la constitu-

[20] En Rousseau ya Constant criticaba la extensión del poder soberano en contra de las libertades privadas y la libertad política («que todo debía ceder ante la voluntad colectiva y que todas las restricciones a los derechos individuales serían ampliamente compensadas por la participación en el poder social», *Sobre la libertad de los antiguos comparada con la de los modernos*), y Tocqueville denunciaba la combinación de poder omnipotente y soberanía popular («ese poder único, tutelar y omnipotente elegido empero por los ciudadanos», *De la democracia en América*).

[21] A. Attili (2014), "Voluntad popular y soberanía del pueblo", en E. Gallegos *et al.* (coords.), *Tras las huellas de Rousseau,* México, DCSH, UAM.

28

ción.[22] Es decir, con los contenidos presentes en la ley fundamental que limita a todos los poderes, y que establece los principios y derechos fundamentales inviolables que definen a la democracia como forma de gobierno constitucional garantistas, pluralista y representativa, por encima de los intereses particulares y privados. Este conjunto de principios políticos fundamentales definen hoy el interés común y el ámbito público, imprescindible para la democracia.

Condiciones para la democracia y su Estado de derecho

Más allá de sus límites, discutidos por una nutrida lista de interpretaciones y de los problemas presentes en los contenidos específicos de la propuesta del ideal del Estado ético rousseauniana, su impactante concepción del interés colectivo aunada a la libertad establece para su siglo y los sucesivos la importancia de un tema central de la política democrática moderna: a saber, la cuestión del estrecho vínculo entre el poder de un Estado legítimo y el interés público, para hacer viable la afirmación de la voluntad del pueblo en un régimen republicano.

En los apasionantes argumentos rousseaunianos, reconocemos el gran problema de la vinculación entre la construcción de un Estado legítimo, responsable de procurar los derechos de la igual libertad y la edificación del ámbito público, en el cual se establece el interés colectivo expresado en leyes. Esto es, en el derecho público, opuesto al abuso de poder con base en el privilegio del nacimiento y la riqueza, contrario a los poderes privados de diverso tipo: al patrimonialismo todavía arraigado en el uso particular de recursos e instituciones estatales. Sin tal conformación del ámbito público, el Estado no es un poder fuerte (autónomo) ni legítimo; es necesaria la construcción oportuna de un espacio formado por conjunto de instituciones y normatividad que ejerza precisamente la función pública (opuestas a la voluntad de los particulares) de afirmar los objetivos políticos (hoy en día) de la paz, los derechos fundamentales, los valores y prácticas de la democracia pluralista. Los fenómenos difusos de la influencia de los poderes *de facto* (financieros, económicos, mediáticos, sociales)

---

[22] A. Attili (2014), "Voluntad popular y democracia real", en L. Salazar Carrión (coord.), *¿Democracia o posdemocracia?*, México, Fontamara.

de la era del capitalismo salvaje en las decisiones básicas del poder político soberano en cada país y la tendencia a transformar en mera apariencia la vida democrática[23] plantean, en el horizonte actual de la crisis del Estado constitucional y democrático, la grave problemática de cómo promover hoy la afirmación y garantía de los derechos civiles y sociales. Siendo estos derechos las condiciones necesarias o precondiciones jurídicas e institucionales, requeridas para el ejercicio pleno de los derechos políticos de los ciudadanos en las democracias pluralistas (a diferencia de la república rousseauniana), constituyen derechos fundamentales sin los cuales no podría ejercerse la «igual libertad». Forman parte, en efecto, del entramado del ámbito público, centrado en el Estado de derecho democrático y social; estructura e instituciones públicas que es función del Estado, en tanto poder público, resguardar en su normatividad jurídica e institucional frente al embate del «derecho del más fuerte», en contra de la desigualdad (y dependencia) que con sus efectos deforma una ciudadanía digna en el ejercicio de los derechos —para nuestros días— de una democracia plural.[24]

La lectura de la concepción rousseauniana inspira y forma. Contribuyendo así, más allá del autor, a nutrir la reflexión sobre el problema central de la política democrática hoy: la necesidad de promover la libertad con la igualdad en derechos, no sólo políticos, sumamente relevantes para la participación en la toma de decisiones democrática; sino a la vez, derechos civiles y sociales, reconocidos como necesarios desde la segunda mitad del siglo XX, para que la participación política disponga de las condiciones oportunas para el ejercicio libre e igual de los derechos democráticos, so pena el que se vea desvirtuada por las desigualdades. Sin tales derechos, en realidad la democracia que practicamos carecería de su significado más propio, en tanto práctica efectiva del autogobierno y se transforma en aparente o en autocracia electiva.[25] Asimismo, la ciudadanía acti-

---

[23] L. Salvadori Massimo (2009), *Democrazia senza democrazia*, Bari, Laterza.

[24] M. Bovero (2002), "Los adjetivos de la democracia", cap. II, en *Una gramática de la democracia. Contra el gobierno de los peores.*, y del mismo autor 2014, "¿Crepúsculo de la democracia?" Apdos. 2-4, en Salazar Carrión L. (coord.), *¿Democracia o posdemocracia? Problemas de la representación política en las democracias contemporáneas*, México, Eds. Coyoacán.

[25] Bovero, M., 2002, *op. cit.*

va, la agencia efectiva que es la característica de una democracia con calidad o sustancia,[26] se degrada en una ciudadanía demediada, a saber, en un ejercicio de los derechos democráticos irremediablemente deformado o desvirtuado (en suma, sin fuerza real), debido a la desigualdad en el disfrute o acceso efectivo a tales derechos por parte de todos los ciudadanos. La desigualdad en derechos puede ser eliminada o disminuida únicamente mediante políticas específicas del poder público del Estado democrático y social de derecho, en cuanto es el sujeto por encima de poderes particulares, encargado de afirmar y defender el espacio inclusivo del interés colectivo de los derechos fundamentales en el ámbito público, por encima del «derecho del más fuerte» aborrecido por Rousseau.

El poder público estatal también constituye el único poder que, por sus recursos, puede prevenir y debidamente sancionar en las democracias constitucionales la violación de los vínculos o límites constitucionales hoy afirmados en salvaguarda de los derechos fundamentales, para así asegurar que el ejercicio de voluntad general a través de soberanía del pueblo afirme eficazmente el interés general respetuoso (en el Estado Constitucional democrático) de los derechos de todos y cada uno. En efecto, frente a los poderes fácticos (de la economía, de los medios de comunicación, de la criminalidad, principalmente), así como frente a la política misma que trastoca las instituciones y normatividad democráticas que la definen, sigue siendo central la labor de afirmar el interés de la colectividad política a través de un ámbito público. Esfera pública en la que el Estado, históricamente vinculado como potencia, y sometido a los imperativos de la paz y derechos fundamentales para su legitimación en las democracias pluralistas, puede realmente desempeñar su actual función en calidad de «ente público de poder para la democracia, paz y derechos».[27] La democracia pluralista requiere de la continuada construcción del poder público del Es-

---

[26] O'Donnell Guillermo, 2004, *La democracia en América Latina*, PNUD, Alfaguara, Buenos Aires; Salazar C. Luis, 2010, *Más allá de la transición. Los cambios políticos en México. 1977-2008*, coautoría, México, UAM.I-MAPorrúa, y del 2014, "México: una ciudadanía demediada", en Florescano, E. y Cossío, J.R. (coords.), *Hacia una nación de ciudadanos*, CONACULTA-FCE, México.

[27] Luigi Ferrajoli (2004), "La globalización como vacío de derecho público internacional", en cap. "¿Es posible una democracia sin Estado?", *Razones jurídicas del pacifismo*, Madrid, Trotta; (2002), "La soberanía en el mundo moderno", en *Derechos y garantías. La ley del más débil*, Madrid, Trotta.

tado constitucional de derecho que afirme ciertos objetivos necesarios para poder oponerse a los estragos de la visión de la política promotora de reformas orientadas al cortoplacismo de los tiempos veloces, característicos de las elecciones y de los medios de comunicación; oponerse a seguir medidas populistas que prometen soluciones simples e inmediatas contra la complejidad del pluralismo democrático; rechazar el voluntarismo decisional de liderazgos personalizados antiinstitucionales, las cuales no hacen más que contribuir (con frecuencia con respaldo de la mayoría de los ciudadanos) a restringir el ámbito público estatal y la acción en favor del interés colectivo definido en la afirmación de los derechos de todos y cada uno.

Las dificultades de pensar en un tal poder público y de realizarlo son múltiples y complejas en una época de crisis del Estado, en la que los nuevos sujetos de poder no públicos ni democráticos (sino de diverso tipo, de la esfera privada y no son elegidos ni responsables ante la sociedad) subvirtieron la previa primacía de la política sobre la economía y rompieron (bajo diversos aspecto) el nexo entre Constitución (sus contenidos) y el Estado como autoridad común fuente de la ley. Sin duda la depotencialización del Estado soberano dejó atrás el poder soberano total o pleno, capaz de determinar de manera autónoma las políticas nacionales entre los confines de su territorio, así como las políticas de alianza, paz y guerra en el ámbito internacional. Fue convertido por la globalización en Estado administrador o mediador, sometido a los imperativos de la economía y de sus nuevos poderes financiero-empresariales. Sin embargo, el Estado sigue siendo el poder público que puede promover el orden jurídico y político ante la lógica connaturalmente particularista del mercado.

Ante el problema extendido del retraimiento del ámbito público, con su mala fama, su descuido, desvalorización, su colonización, es vital reconocer la necesidad de repensar a propósito de dicha cuestión la función del Estado constitucional. Leyendo a Rousseau encontramos insumos intelectuales para, *mutatis mutandis*, reinterpretar en nuestros días la centralidad de la construcción del ámbito público, en el que (hoy) ejerza sus funciones el el poder político del Estado. Sus argumentos estimulan a leer la realidad que nos rodea, a pensar una política ocupada en reconstruir un poder público estatal que, con base en su ley e instituciones, realice el interés colectivo y haga efectivos los frenos necesarios a gobiernos que ejercen un «gobierno económico y antidemocrático de la política»; que combata en pos del interés común y superior de la sociedad democrática los graves problemas de la desigualdad en el acceso al bienestar, a la equidad, al derecho y a la justicia para los ciudadanos, ya que favorecen el terreno para los nuevos despotismos. Un poder público estatal, entonces, que *con* Rousseau, salvaguarde los bienes y el interés públicos: frente a los gobiernos guiados por el cortoplacismo político y por la ideología empresarial de las reformas estructurales rápidas (*fast track*) no debidamente discutidas y consensadas; contra la reducción de la democracia a la decisión de las mayorías (invocada como la totalidad del pueblo) en contra de los principios fundamentales de la democracia contemporánea; contra el patrimonialismo y el clientelismo. Pero, *en contra de* Rousseau, aprenda de las lecciones de la historia el grave costo de ceder a las tentaciones simplificadoras de las respuestas a los problemas de las democracias de masas contemporáneas, decidiendo anular el valor de la representación plural, de las libertades civiles y sociales (aun en nombre de la virtud y religión civiles), de la representación plural en el proceso decisional, del acceso al poder judicial independiente o de la soberanía entendida como titularidad de derechos.[28]

Repensar el ámbito del interés público y sus instituciones en el siglo XXI requiere replantear la política a nivel supranacional o global, mediante la continuación de la labor de una política y derecho supranacional en sentido constitucionalista, iniciada en el siglo XX, pero no reinventada sucesivamente y puesta al día para responder con una adecuada regulación mundial de los nuevos poderes y con un nuevo modelo de orden mundial comprometido con derechos y democracia, a las transformaciones de la política en el mundo postbipolarismo. La estrategia debe ser de tipo mundial debido a que, sin una política de alcance global y de acuerdos multilaterales, no hay posibilidad de frenar, regular, controlar los poderes (financieros, económicos y criminales) del ámbito del interés privado y particular, ni es posible rousseaunianamente prevenir la dependencia indigna y vencer la ley de los más fuertes en pos de la libertad de todos.

---

[28] Ver IETD (2010), *Equidad social y parlamentarismo. Argumentos para el debate de una época*, México. Asimismo, Tony Judt (2010), *Algo va mal*, Taurus.

Rousseau a la luz del neorrepublicanismo

Julieta Marcone

En cuanto alguien dice que los asuntos del Estado
no le importan, el Estado está perdido.
J. J. Rousseau

Introducción

El pensamiento de Jean-Jaques Rousseau ha sido objeto de numerosos debates y polémicas en distintos momentos históricos. En reiteradas ocasiones y desde distintas trincheras el pensamiento rousseauniano ha sido tildado de autoritario e incluso de totalitario. A mediados del siglo pasado, por ejemplo, J.L. Talmon (1956) reprochó al filósofo ginebrino promover un modelo de «democracia totalitaria» y, pocos años después, Isaiah Berlin, un connotado pensador liberal, lo acusó de defender una idea tiránica de la razón (piedra angular del actuar jacobino durante el periodo conocido como «el Terror» de la Revolución francesa). La tradición liberal, por supuesto, siempre se ha deslindado del pensamiento de Rousseau. Sin embargo, llama la atención que en el último tiempo algunos de los más destacados teóricos contemporáneos del neorrepublicanismo, como Philip Pettit o Maurizio Viroli, también expulsen de las filas del republicanismo a Rousseau y le atribuyan en cambio la paternidad de lo que han denominado «el giro populista» (Pettit, 1997: 50) del republicanismo», esto es, la aclamación «[…] [de] la participación democrática del pueblo como una de las más elevadas formas del bien, […] que a menudo da una pátina lírica, [...] , a la deseabilidad de una sociedad prieta y homogénea que supuestamente presupone la participación popular» (Pettit, 1997: 25). Aunque personalmente reconozco que algunas de las críticas de los liberales y de los neorrepublicanos al pensamiento rousseauniano están suficientemente justificadas desde la perspectiva de nuestras plurales y complejas sociedades contemporáneas, no comparto la idea de que ello amerite borrarlo de la tradición republicana. Si bien es cierto que Rousseau pone especial énfasis en la participación política, también lo es que subraya, los elementos normativos que defiende el neorrepublicanismo como lo son la libertad como independencia o ausencia de dominación, el imperio de ley y la división funcional del poder. Enfatiza en algunos aspectos como la virtud cívica o la participación ciudadana con los cuales los neorrepublicanos se sienten un poco incómodos. Pero, en mi opinión, sus ideas se acercan mucho más a las tesis neorrepublicanas de lo que los propios neorrepublicanos reconocen o se percatan.Por ello me parece muy pertinente que, a 300 años del nacimiento de Rousseau, volvamos a él y nos preguntemos acerca de la vigencia de su pensamiento.

El liberalismo, «hijo bastardo del republicanismo» —en palabras de Andrés de Francisco— transformó el concepto republicano de libertad «[...] "descargándolo" de muchas exigencias republicanas cruciales, como son la autonomía, la independencia o el autogobierno» (De Francisco, 2007: 15). La propagación que en los últimos años ha tenido la teoría neorrepublicana me parece que de alguna manera atiende y responde a este hecho. Y, acudir a Rousseau, pienso que nos permite recorrer este sendero mejor provistos pues, en mi opinión, el pensador ginebrino es un notable representante de la tradición republicana y, desde esa trinchera, no sólo hace una clara y precisa crítica a la sociedad burguesa de su tiempo, sino que además formula una teoría normativa que busca alternativas a la dominación, a la desigualdad y a la apatía política. Desde mi perspectiva, tanto su crítica como su propuesta normativa, merecen ser recuperadas para pensar y buscar algunas soluciones a los múltiples problemas que aquejan a las sociedades contemporáneas. Sin embargo, pensadores como Pettit y Viroli que, con propósitos semejantes han puesto la mirada sobre la tradición republicana (convirtiendo al discurso republicano en un tema central del debate filosófico-político contemporáneo) han optado por descartar a Rousseau como una más de las fuentes de inspiración del neorrepublicanismo.

En este trabajo me propongo demostrar que, pese al deslinde de los neorepublicanos como Pettit y Viroli respecto de Rousseau, el pensador ginebrino no sólo es un pensador republicano en el sentido más comúnmente aceptado del término en tanto exalta la libertad positiva, sino que además también lo es si se le examina a través del prisma neorepublicano, pues claramente defiende una concepción de la libertad como ausencia de dominación, a saber, de interferencia arbitraria. Sin embargo, ello no nos exime de reconocer que, pese a ello, algunas de las tesis rousseaunianas tienden a socavar la pluralidad y, de alguna manera, la libertad características del mundo moderno; lo cual también abordaré brevemente pues aunque es materia bastante conocida, no mencionarlo podría interpretarse como una omisión deliberada para esconder la tierra debajo de la alfombra.

En lo que sigue revisaré primero la noción rousseauniana de la libertad como independencia para posteriormente examinar este mismo concepto en relación con las nociones de voluntad general y ley, lo cual revela una clara preocupación por la libertad como libertad positiva. Con ello pretendo demostrar que el pensamiento de Rousseau no sólo puede ser leído en clave republicana (asociando aquí al republicanismo con la mera exaltación de la libertad positiva —una manera muy restrictiva, pero bastante común de ubicar a esta tradición—), sino que también puede y debe leerse con los lentes del neorrepublicanismo. Finalmente, y a pesar de reconocer a Rousseau como un pensador a todas luces republicano, reconstruiré algunos de sus argumentos que, en mi opinión, no sólo resultan problemáticos en el mundo contemporáneo desde la óptica liberal, sino incluso desde el propio republicanismo —que reconoce la pluralidad social— por la facilidad con la que éstos podrían traducirse en lo que Tocqueville denominó «la tiranía de la mayoría».

La libertad como ausencia de interferencia arbitraria: independencia

Rousseau inicia el capítulo 1 del libro primero del *Contrato social* con una afirmación categórica: «el hombre ha nacido libre y en todas partes se encuentra encadenado» (Rousseau, 2000: 4). ¿Cómo ha sucedido esto?

Tras un minucioso examen de su época y de los pensadores de su tiempo, Rousseau concluye que la situación descrita por estos últimos como el «estado de naturaleza» o situación originaria, en realidad no es más que una extrapolación de la sociedad burguesa de su época. Para Rousseau, la representación que autores como Hobbes habían hecho del estado de naturaleza como un estado de guerra, carecía de fundamento. Primero, porque no suponía la ausencia total de sociedad. Y segundo, porque atribuía a la naturaleza humana las patologías propias de la sociedad de su época, tan contingentes como cualquier rasgo social de cualquier tiempo. Rousseau pensaba que en el hipotético estado de naturaleza[1] los hombres, libres e iguales, vivirían totalmente aislados (o sea, no habría ningún tipo de sociedad) y establecerían relaciones temporales para satisfacer sus necesidades pero, para nada más.[2] Por ello, desde su perspectiva no había motivo para pensar que en ese estadio los hombres, carentes de todo tipo de dependencia, pudieran tener conflictos. Sin embargo, según él mismo, con el paso del tiempo (el incremento de las necesidades, el contacto permanente con los otros, el desarrollo de la agricultura y la metalurgia, la división del trabajo y el surgimiento de la propiedad) *la antigua independencia se transformó en dependencia*, y *la igualdad en desigualdad*. De manera que las transformaciones inherentes al proceso civilizatorio hicieron que los hombres empezaran a depender cada vez más unos de otros y que con ello desarrollaran vicios y pasiones (como la ambición) que les llevaron, según nuestro

---

[1] «[…] los hombres, mientras viven en su estado de independencia primitivo [el estado de naturaleza], no establecen entre sí lazos lo suficientemente constantes para constituir ni el estado de paz ni el estado de guerra. No son, por tanto, enemigos por naturaleza. Son las relaciones entre las cosas [que se dan con el surgimiento de la sociedad civil] y no entre los hombres las que provocan la guerra, que no puede surgir de simples relaciones personales, sino sólo de relaciones reales. La guerra privada o de hombre a hombre no puede existir ni en el estado de naturaleza, donde no hay propiedad, ni en el estado social, donde todo se encuentra bajo la autoridad de las leyes» [los subrayados son míos] (Rousseau, 2000: 10).

[2] En el estado de naturaleza según Rousseau no existía «[…] ningún tipo de relación moral, ni deberes conocidos, [los hombres] no podían ser ni buenos ni malos, y no tenían vicios ni virtudes […] no conocían ni la vanidad, ni la consideración, ni la estima, ni el desprecio; ya que no tenían la menor noción de tuyo y mío, ni ninguna idea verdadera de la justicia» (Rousseau, 1987: 125).

38

autor, a competir y a buscar dominar a los demás para satisfacer nuevas necesidades.[3] Las desigualdades naturales de fuerza, habilidad e ingenio se constituyeron entonces en los cimientos de una nueva desigualdad: la desigualdad de propiedad. Algunos, en palabras del propio Rousseau, «encontraron gente bastante sencilla como para creerles» cuando dijeron «esto me pertenece» (Rousseau, 1987: 129) y otros, valiéndose de la fuerza, subyugaron a los más débiles para hacerse de sus propiedades. El derecho del primer ocupante fue reemplazado por el derecho del más fuerte. Y de esta forma el «inocente y puro estado de naturaleza» fue sustituido, a causa de la civilización, por el «[…] más horrible estado de guerra» (Rousseau, 1987: 137).

Pero a decir de Rousseau nunca nadie es tan fuerte como para dominar por siempre a los demás. Por eso los más fuertes (los ricos), que buscaban garantizar la obediencia de los débiles (los pobres), convirtieron la fuerza en *aparente* derecho.[4] Apelando a la necesidad de unir fuerzas para constituir un poder común que defendiera a todos los asociados ante los enemigos e infractores de las leyes, los ricos convencieron a los pobres de establecer un pacto que, supuestamente, permitiría asegurar las propiedades de todos; y así, en palabras del propio Rousseau, «[…] todos corrieron al encuentro de sus cadenas, creyendo asegurar su libertad» (Rousseau, 1987: 138). Erróneamente, los débiles imaginaron que asegurarían su libertad abandonando el estado de naturaleza que dio paso a la sociedad civil (civilizada), pero en realidad, se encadenaron comprometiéndose a aceptar como norma los ilegítimos dictados de los ricos (monarcas o aristócratas).

Como bien indica Pettit (paradójicamente, pues él mismo desconoce el talante republicano del pensador ginebrino), «[…] el componente capital de la libertad, de acuerdo con Rousseau, es el goce de la

---

[3] Dice Rousseau: «[…] mientras [los hombres] se dedicaron a obras que uno sólo podía hacer y a las artes que no exigían el concurso de muchas manos, vivieron libres, sanos, buenos y dichosos, hasta donde podían serlo dada su naturaleza, y continuaron gozando de las dulzuras de un comercio independiente; pero desde el instante en que un hombre tuvo necesidad del auxilio de otro, desde que se dio cuenta que era útil a uno tener provisiones para dos, la igualdad desapareció, la propiedad fue un hecho, el trabajo se hizo necesario y las extensas selvas transformáronse en risueñas campiñas […] en las cuales vióse pronto la esclavitud y la miseria germinar y crecer […]» (Rousseau, 1987: 134).

[4] «El más fuerte no es, sin embargo, lo bastante para ser siempre el amo, si no convierte su fuerza en derecho y la obediencia en deber» (Rousseau, 2000: 7).

capacidad de no ser vulnerable a la voluntad ajena; el goce, según él tiende a decirlo, de la falta de dependencia» (Pettit, 2009: 327). Para Rousseau, como para la mayoría de los pensadores republicanos, *ser libre* consiste en *ser autónomo* (o sea, en obedecer las leyes que uno mismo se ha dado, lo que comúnmente y a raíz del famoso trabajo de Berlin[5] se conoce como libertad positiva)[6] y en *ser independiente*. La falta de independencia se refleja en la exposición a una voluntad ajena y potencialmente arbitraria.

Aclaro aquí que ni Pettit ni Viroli, dos de los principales teóricos neorrepublicanos, estarían de acuerdo en considerar a la noción de libertad positiva (esto es la libertad como autonomía) otro elemento característico y clave del pensamiento republicano pero, en mi opinión, ello constituye un error. Por eso en el siguiente apartado desarrollaré este punto. Si bien Pettit reconoce que en la tradición republicana la participación democrática es un tema recurrente, subraya, sin embargo, que desde su perspectiva «[…] la concepción republicana de la libertad no es una concepción positiva» (Pettit, 1999: 46). Señala:

> […] los escritores identificados con la amplia tradición intelectual republicana, consideran que hay que definir la libertad como una situación que evita los males ligados a la interferencia, no como acceso a los instrumentos de control democrático, participativos o representativos. El control democrático es ciertamente importante en esta tradición, pero su importancia le viene, no de su conexión definicional con la libertad, sino del hecho de que sea un medio de promover la libertad (Pettit, 1999: 46).

En su opinión, quienes defienden la libertad positiva, y por ende la democracia participativa, se inscriben, no en la tradición republicana, sino en lo que él denomina «populismo». A su parecer el republicanismo y el liberalismo coinciden en la defensa de la libertad negativa. Sin embargo, la noción liberal de libertad resulta, a sus ojos, mucho más estrecha que la republicana. En sus propias palabras:

---

[5] Ver I. Berlin (1998), *Cuatro ensayos sobre la libertad.*

[6] Aunque el contrato social implica la pérdida de la libertad natural y del derecho ilimitado a todas las cosas, para Rousseau tiene la ventaja de dar pie a la libertad civil, esto es a la libertad de obedecer únicamente las leyes que los hombres se han dado a sí mismos: «[…] la obediencia a la ley que uno se ha prescrito es libertad» (Rousseau, 2000: 19-20).

40

> [...] mientras los liberales equiparan la libertad con la ausencia de interferencia, los republicanos la equiparan con estar protegidos contra la exposición a la interferencia [arbitraria] de otro: estar seguros contra tal interferencia. Libertad en este sentido equivale a no estar bajo el poder que tiene otro de hacernos daño, a no estar dominado por otro (Pettit, 2004: 19).

Para Pettit, la falta de libertad no sólo se refleja, como sugieren los liberales, en la interferencia de facto. O como suponen «los populistas» en la imposibilidad de la participación democrática. La falta de libertad se refleja en la exposición a una voluntad ajena y potencialmente arbitraria. Se manifiesta en la dependencia, vulnerabilidad e incertidumbre que padecen quienes están sujetos al juicio, potencialmente caprichoso o idiosincrático, de otro. En el mismo sentido argumenta Viroli:

> La libertad democrática es un tipo de libertad positiva que se expresa en la participación directa en las deliberaciones soberanas. La libertad republicana es un tipo de libertad negativa de la cual los individuos gozan cuando son libres de dominación, cuando no están sujetos a la voluntad arbitraria de un individuo o grupo. De estas diferentes interpretaciones de la libertad se siguen diferentes interpretaciones del significado de la participación política. Los teóricos de la democracia consideran a la participación política como una institución democrática que se debe promover en todas las formas posibles; los teóricos republicanos piensan en ella como un medio para proteger la libertad y seleccionar a los ciudadanos más virtuosos y mejor calificados para las posiciones de liderazgo, fomentando así una cultura política hostil a la dominación (Viroli, 2002a: 11).

Para los teóricos neorrepublicanos la característica principal del republicanismo es apelar a la libertad como lo opuesto a la esclavitud, o sea como la ausencia de dominación. En su opinión la dominación se manifiesta en una relación similar a la del amo y el esclavo o a la del amo y el sirviente. ¿Qué tienen en común estos dos tipos de relación? Que en ambos casos la parte dominante puede interferir de manera arbitraria (impune) en las elecciones de la parte dominada, no sólo en el mundo real, sino también en el abanico de mundos posibles. Podría darse que el amo fuera bastante indulgente y permisivo; sin embargo, el depender de su gracia y favor hacen de esta relación una relación de dominación. Por más condescendiente que sea un amo, por más que no interfiera en las elecciones de su esclavo, nunca diríamos que un esclavo es libre. ¿Por qué? Porque la falta de libertad de un esclavo no se refleja en la falta de interferencia (actual) del amo, sino en el hecho de que siempre existe la posibilidad de una interferencia arbitraria de su parte. Una persona es libre cuando es inmune a la interferencia arbitraria (impune) de otra persona. Ser libre, dirá Pettit, equivale a estar relativamente a salvo de la posibilidad de que alguien interfiera arbitrariamente en mis asuntos (aunque esta persona no interfiera de facto en ellos).

Pero ni Pettit ni Viroli consideran —erróneamente, a mi parecer— que en el pensamiento de Rousseau esté presente esta concepción de la libertad como no dominación. Al contrario, lo consideran un promotor cardinal de la libertad positiva, mas no de la libertad como ausencia de interferencia arbitraria. Incluso llegan a sostener que el ginebrino fue uno de los responsables de inaugurar lo que ellos han denominado el «giro populista», esto es, ofrecer el ideal del autodominio democrático como la principal alternativa al ideal negativo de la no interferencia:

> Aunque es verdad —dice Pettit— que los pensadores republicanos consideraron en general que la participación o la representación democráticas eran una salvaguardia de la libertad, no su núcleo definitorio, el creciente énfasis puesto en la democracia llevó a algunos a separarse de la posición tradicional y a acercarse una posición populista, de acuerdo con la cual la libertad consiste, ni más ni menos, que en el autodominio democrático [...] Rousseau es probablemente responsable de haber dado pábulo a este enfoque populista (Pettit, 1999: 50).

Pero contrario a lo dicho tanto por Pettit como por Viroli, en mi opinión, Rousseau es a todas luces un claro defensor de la libertad como ausencia de interferencia arbitraria. Pettit asegura que en la república romana la persona libre, el *liber*, era lo contrario al *servus*, el esclavo. Mientras el esclavo vivía *a merced* del amo, el *liber* era necesariamente un *civis*, un ciudadano. O sea que en la república romana lo que se contraponía a la libertad no era la «interferencia», sino la «esclavitud» o la «dominación». Pues bien, en el *Discurso sobre el origen de la desigualdad*, Rousseau asegura que «[...] lo peor que le puede pasar a uno en su relación con los demás es que se encuentre viviendo *a merced de otro* [el subrayado es mío]» (Rousseau, 1984: 125). Dicho en otras palabras, lo peor que a uno le puede pasar desde la perspectiva del pensador ginebrino es depender de otro para poder vivir; es decir, estar sujeto a la voluntad arbitraria de otro, estar dominado.

En el estado de naturaleza rousseauniano podríamos decir que los hombres son libres en el sentido liberal[7] del término, pues en éste su voluntad no tiene más límite que las propias fuerzas de cada individuo, es decir, son libres de interferencia. Sin embargo, al sellar ese primer pacto inicuo del que ya hablamos, o sea al fundar lo que Rousseau denomina «sociedad civil», los hombres no sólo perdieron la libertad natural, sino que además se pusieron *a merced* de otros, de los ricos. Por ello asegura el ginebrino, al inicio del *Contrato Social*, que los hombres están encadenados, porque al fundar la sociedad civil perdieron su independencia y quedaron expuestos a la *interferencia arbitraria* de los ricos:

> Tal fue o debió de ser el origen de la sociedad y de las leyes, que proporcionaron nuevas trabas al débil y nuevas fuerzas al rico; destruyeron la libertad natural indefinidamente, establecieron para siempre la ley de la propiedad y de la desigualdad; de una hábil usurpación hicieron un derecho irrevocable, y, en provecho de algunos ambiciosos, sometieron en lo futuro a todo el género humano al trabajo, a la esclavitud y a la miseria (Rousseau, 1987: 139).

Con la instauración de la sociedad civil, la igualdad se torna aparente e ilusoria, pues sólo sirve, en sus propias palabras, «[...] para mantener al pobre en su miseria y al rico en su usurpación» (Rousseau, 2000: 23). De esta manera, las leyes resultan útiles para quienes poseen algo y perjudiciales para los que no tienen nada. Rousseau no abogaba por una igualdad absoluta, sino por una sociedad en la que todos los ciudadanos, desiguales por naturaleza en fuerza y ta-

---

[7] «Rousseau no entiende por libertad la libertad «negativa» del individuo para que no se metan con el [*sic*] dentro de un determinado ámbito, sino el que todos los miembros idóneos de una sociedad, y no solamente unos cuantos, tengan participación en el poder público, el cual tiene derecho a interferirse [*sic*] en todos los aspectos de todas las vidas de los ciudadanos» (Berlin, 1998: 234).

lento, se tornaran iguales por convención en sus derechos y obligaciones. Igualdad por la que según él no podía entenderse:

> [...] que el nivel de poder y de riqueza sea absolutamente el mismo, sino que en cuanto al poder éste quede por encima de toda violencia y nunca se ejerza sino en virtud del rango y de las leyes, y en cuanto a la riqueza que ningún ciudadano sea suficientemente opulento como para comprar a otro, ni ninguno tan pobre como para ser obligado a venderse (Rousseau, 2000: 51).

Rousseau enuncia aquí un principio básico del republicanismo: todos los individuos deben gozar de independencia, en este caso económica,[8] además de la independencia política, para ser verdaderamente autónomos. No se trata de que todos tengan la misma extensión de propiedad, pero sí de garantizar que nadie pierda la autonomía de su juicio por la necesidad de asegurar su sustento (su independencia). El contrato y el estado social sólo resultan ventajosos para los hombres «[...] si todos poseen algo y ninguno de ellos tiene demasiado» (Rousseau, 2000: 23).

Por ello sorprende que Pettit y Viroli ignoren o resten importancia a esta tesis de Rousseau que bien puede leerse en clave republicana y, particularmente, neorrepublicana. Cuando el ginebrino asevera que «nadie debe ser tan pobre como para ser obligado a venderse», no está diciendo otra cosa más que la ausencia de dominación supone independencia económica. Quien carece de este tipo de independencia estará siempre expuesto a la interferencia arbitraria de aquel de quien depende en los diferentes ámbitos de su vida; incluyendo, por supuesto, el ámbito político. Asombra por eso que Viroli, en su texto "Republic and democracy: On early moderns origins of democratic theory", no tenga empacho en asegurar que Rousseau establece uno de los dos principios básicos de los modernos pensadores republicanos (el que limita la desigualdad que pone en riesgo la independencia) y sin embargo opte por denominarlo «el profeta de la li-

---

[8] «La independencia económica aumenta la libertad como no-dominación de dos maneras. Por un lado, acrecienta el número de cosas que puedo hacer sin que nadie pueda impedírmelo arbitrariamente; y por otro, protege a los socioeconómicamente dependientes de formas de dominación en las que, en otros casos, acabarían ineluctablemente por sucumbir» (Pallas, 2006: 85).

bertad democrática» (Viroli, 2002b: 30), *id. est.* de la libertad positiva. Sostiene en dicho trabajo:

> Estos dos principios definen, en mi opinión, las líneas generales el tipo de igualdad que las democracias contemporáneas necesitan. El primer principio impone a la República la obligación de prevenir la pobreza para convertirse en una causa de exclusión de la educación y de las carreras públicas y privadas. El segundo establece que la República debe garantizar a todos los ciudadanos los derechos sociales que permite que los menos afortunados entre ellos para mantener un sentido de dignidad propia. Estos principios, deseo subrayar, se defendieron siempre desde el punto de vista de la libertad republicana [la traducción es mía] (Viroli, 2002b: 29).

Y por otra parte afirma, ahí mismo, que «[…] el segundo principio, [el cual] establece los límites para el alcance de la desigualdad permisible» (Viroli, 2002b: 29), es resumido por Rousseau en la frase anteriormente citada: «nadie debe ser tan pobre como para ser obligado a venderse». Nos dice Viroli que Rousseau desarrolla ese segundo principio que define a las democracias contemporáneas (la regulación de la desigualdad) y que siempre ha sido defendido por la tradición republicana. No obstante, insiste en considerarlo un partidario de la «libertad democrática» (la libertad como autonomía, como autogobierno) antes que de la «libertad republicana» (entendida ésta como la ausencia de interferencia arbitraria). Extraño, reitero, porque él mismo reconoce a Rousseau como un pensador, para el cual la independencia económica es condición *sine qua non* del ser ciudadano.

Pienso que esto que aparentemente podría entenderse como una contradicción en el pensamiento de Viroli puede ser generosamente interpretado como una cuestión de énfasis. Para el ginebrino «[…] la fuerza no constituye derecho, y […] únicamente se está obligado a obedecer a los poderes legítimos» (Rousseau, 2000: 8). Por eso él sugiere a sus coetáneos desmantelar la sociedad civil[9] y fundar un es-

---

[9] Dice Rousseau: «si no tomase en consideración más que la fuerza y el efecto que se deriva de ella, diría que, mientras un pueblo se ve obligado a obedecer y obedece, hace bien, pero que, cuando puede sacudirse el yugo y consigue liberarse, hace todavía mejor, porque, al recobrar la libertad basándose en el mismo derecho por el que había sido despojado de ella, está legitimado para recuperarla, o no lo estaba el que se la arrebató» (Rousseau, 2000: 4).

tado social, mediante un *contrato*, que permita que los hombres obedezcan, solamente, aquellas leyes que ellos mismos se hayan dado. O sea que, en palabras de Berlin, se autogobiernen.

Rousseau consideraba imposible volver al inocente estado de naturaleza. Por eso la salida de la sociedad civil debía conducir a un nuevo estadio, al estado social, y no al hipotéticamente primigenio estado de naturaleza. El contrato y el estado social podían garantizar que aun con obligaciones, los hombres pudieran permanecer tan libres como antes, porque, en sus propias palabras, «[…] la obediencia a la ley que uno se ha prescrito es libertad» (Rousseau, 2000: 19-20).[10] Ser libre significa no estar expuesto a la voluntad arbitraria de ningún individuo o grupo. De suerte que sólo se puede ser libre en términos políticos cuando dependemos únicamente de nuestra propia voluntad, o sea, cuando somos independientes porque no estamos expuestos a la arbitrariedad de un tirano, de un gobierno extranjero, de nadie.

Es cierto que Rousseau pone especial énfasis en la libertad democrática (positiva) y en la participación política como veremos a continuación. Sin duda en eso tienen razón Pettit y Viroli. Pero en lo que se equivocan es en soslayar el vínculo que establece el pensador ginebrino entre la libertad como autonomía y la libertad como ausencia de interferencia arbitraria. Esta última, como hemos visto, constituye para Rousseau una condición indispensable para el desarrollo de la libertad democrática. De manera que, en mi opinión, la pretensión neorrepublicana de borrar a Rousseau de las filas del republicanismo para sumarlo a lo que ellos denominan «populismo» carece de suficiente sustento. Es sabido que el filósofo ginebrino defendía implacablemente la participación política de los ciudadanos, pero no por ello eludía la importancia de la libertad como ausencia de dominación y como condición de posibilidad de la propia libertad como autonomía.

---

[10] A decir de Rousseau, el problema fundamental que resuelve el contrato social es: «encontrar una forma de asociación que defienda y proteja de toda fuerza común a la persona y a los bienes de cada asociado, y gracias a la cual cada uno, en unión de todos los demás, solamente se obedezca a sí mismo y quede tan libre como antes» (Rousseau, 2000: 14).

Voluntad general, soberanía y ley: La libertad como autonomía

He dicho que a Pettit no sólo le disgusta la noción de *voluntad general* rousseauniana, sino que además resta importancia a las ideas de autonomía y autogobierno que desarrolla el ginebrino. Me queda claro que Pettit y Viroli siguen este camino de conformidad con su perspectiva acerca de lo que constituye el núcleo conceptual del discurso republicano. No obstante, en mi opinión, esto constituye un error pues, cualquiera que pretenda reconstruir las tesis centrales del pensamiento republicano, debe reconocer en las nociones de autonomía y autogobierno puntos cardinales del mismo. Pero vayamos por partes.

Rousseau consideraba que toda autoridad debía fundar su legitimidad en una convención;[11] o sea, en un contrato social. Ni el orden divino ni el natural, pero tampoco el derecho hereditario, constituían en su opinión una auténtica fuente de legitimidad. Por ello, a su parecer, la única forma legítima que podía adoptar un Estado era aquella que emanara de una convención, a saber, la república. Cito *in extenso*:

> […] este acto de asociación produce, […] un cuerpo moral y colectivo compuesto de tantos miembros como votos tiene la asamblea, el cual recibe por este mismo acto su unidad, su yo común, su vida y su voluntad. Esta persona pública, que se constituye mediante la unión de todas las restantes, se llamaba en otro tiempo Ciudad-Estado, y toma ahora el nombre de *república* [el subrayado es mío] o de cuerpo político, que sus miembros denominan Estado, cuando es pasivo [o sea, cuando se refiere a la obediencia a la ley], [o] soberano cuando es activo [esto es, cuando elabora la ley] (Rousseau, 2000: 16).

Mediante el contrato social, quizá nunca instaurado formalmente pero reconocido tácitamente por todos,[12] los hombres forman una

---

[11] Asienta Rousseau: «puesto que ningún hombre tiene una autoridad natural sobre sus semejantes, y puesto que la naturaleza no produce ningún derecho, sólo quedan las convenciones como único fundamento de toda autoridad legítima entre los hombres» (Rousseau, 2000: 8).

[12] Rousseau destaca en *El contrato social* que «las cláusulas de este contrato se encuentran tan determinadas por la naturaleza del acto que la más mínima modificación las convertiría en vanas y de efecto nulo, de forma que, aunque posiblemente jamás hayan sido enunciadas de modo formal, son las mismas en todas partes, y en todos lados están admitidas y reconocidas tácitamente, hasta que, una vez violado el pacto social, cada uno

asociación casi perfecta (el estado civil), en la cual «[…] cada uno de nosotros pone en común su persona y todo su poder bajo la suprema dirección de la voluntad general, recibiendo a cada miembro como parte indivisible del todo» (Rousseau, 2000: 15).

Sin duda, frases como ésta son las que han llevado a liberales de diferentes épocas, o a los neorrepublicanos, a percibir en Rousseau aires autoritarios o incluso totalitarios. A su favor el ginebrino podría haber argumentado que dándose cada uno a todos, no se da a nadie, pues «[…] al entregarse cada uno por entero, la condición es igual para todos y, al ser la condición igual para todos, nadie tiene interés en hacerla onerosa para los demás […] por la naturaleza del pacto, todo acto de soberanía, es decir, todo acto auténtico de la voluntad general, obliga o favorece igualmente a todos los ciudadanos» (Rousseau, 2000: 15, 32). O podría haber replicado que el soberano (la voluntad general) no puede imponer a sus súbditos ninguna cadena que no sea útil para la comunidad.[13]

La *voluntad general*, según su propio decir, no es la *voluntad de todos*. La voluntad general es una especie de principio regulativo de la organización política (Vallespín, 1998: 162) que atiende, específicamente, al interés común. En sus propias palabras, se «[…] refiere a la común conservación y al bienestar general» (Rousseau, 2000: 103), no a la agregación de deseos e intereses particulares como supone la voluntad de todos. Rousseau no desconoce la pluralidad y conflictividad social. De hecho reconoce que es justamente la diferencia de intereses lo que ha hecho necesario fundar el estado social. Pero sostiene que la voluntad general es lo que hay de común entre estos diferentes intereses y «[…] sólo en función de ese interés común debe ser gobernada la sociedad» (Rousseau, 2000: 25). Dicho en otras palabras, según Rousseau, todo estado civil que aspire auténticamente al bien común, necesariamente debe guiarse por la voluntad general, pues de lo contrario, en lugar de atender las necesidades e intereses

---

recobra sus derechos originarios y recupera su libertad natural, perdiendo la libertad convencional por la cual renunció a aquélla» (Rousseau, 2000: 15).

[13] «Todos los servicios que un ciudadano puede prestar al Estado, debe prestarlos inmediatamente que el soberano se los pida; pero el soberano, por su parte, no puede cargar a sus súbditos con ninguna cadena que sea inútil para la comunidad, ni siquiera puede desearlo; porque bajo la ley de la razón no se hace nada sin causa, al igual que ocurre bajo la ley de la Naturaleza» (Rousseau, 2000: 30-31).

comunes, se beneficiaría a particulares (trátese de individuos o de asociaciones parciales).

Crítico del despotismo, Rousseau tiene claro que el único camino hacia el bien común pasa necesariamente por el imperio de la ley. ¿Por qué la ley? Porque como dijimos más arriba, siguiendo a Berlin, el ginebrino considera que los hombres son libres en tanto obedecen las leyes que ellos mismos se han dado, o sea, en tanto son autónomos. «En el haber del estado civil —asegura— se podría añadir [que] la libertad moral [...] es la única que convierte al hombre verdaderamente en amo de sí mismo, porque el impulso exclusivo del apetito es esclavitud y la obediencia a la ley que uno se ha prescrito es libertad» (Rousseau, 2000: 20). Rousseau define a la soberanía como el ejercicio de la voluntad general,[14] o sea como el ejercicio legislativo de la voluntad común de *todos* los asociados. De manera que sólo la voluntad general puede dictar las leyes (generales frente a los sujetos particulares y abstractos frente a los comportamientos concretos) a las que *todos*, sin excepción, deben someterse (en la calidad de súbditos). Por eso desde su óptica en toda república el poder legislativo debe estar siempre en manos del pueblo, esto es de la *totalidad de los ciudadanos, no de sus representantes*.

En cambio, el poder ejecutivo (o sea, la fuerza que aplica la ley) puede estar en manos de uno, de pocos o de la mayoría, y dependiendo de ello se hablará de un gobierno monárquico, aristocrático o democrático, respectivamente. Pero la soberanía, el poder supremo de legislar que tienen todos los ciudadanos que conforman la asociación política, es *inalienable* e *indivisible*, pues, según nuestro autor, nadie puede ser representado más que por sí mismo y, enajenar la capacidad de darse órdenes a sí mismo, equivaldría a perder la libertad civil, a saber, la autonomía.[15]

Pero aunque Rousseau considera que el poder soberano es indivisible, no por ello deja de reconocer la importancia de dividir la fun-

---

[14] «Afirmo, pues, que no siendo la soberanía sino el ejercicio de la voluntad general, no puede enajenarse nunca, y el soberano, que no es sino un ser colectivo, no puede ser representado más que por sí mismo: el poder puede ser transmitido pero no la voluntad» (Rousseau, 2000: 25).

[15] Recordemos que, como se dijo antes, para Rousseau la libertad civil se caracteriza como la obediencia a la ley que uno mismo se ha dado. Por eso Rousseau no admite la democracia representativa. Ver J.F. Fernández Santillán (1992).

ción de legislar (propia del poder legislativo) de la función de aplicar la ley (característica del poder ejecutivo). Por eso nuestro autor describe a la democracia como un gobierno de Dioses, porque sabe los riesgos que supone que el portador del poder legislativo sea a su vez el encargado de ejecutar las leyes; y además, que ese encargado sea el pueblo en su totalidad. De ahí que descarte la democracia y prefiera una república aristocrática en la cual los encargados de aplicar la ley fuesen los más sabios, mientras que la totalidad de los ciudadanos continuasen su inalienable labor de sancionar las leyes. Y aún así, no repara en sugerir una vez más la necesidad de moderar al gobierno (esto es al poder ejecutivo) dividiendo, ahí sí, su poder, al posibilitar la revocación del mandato o el sometimiento a un tercer poder como podría ser el tribunado que, en su opinión, incluso podría ser mejor defensor de las leyes que el ejecutivo que las aplica o que el soberano que las sanciona.

Es claro que, en consonancia con la concepción más generalizada de la libertad presente en la tradición republicana, el filósofo ginebrino considera imprescindible que los ciudadanos participen activamente en la vida pública. Por ello sostiene que todos los ciudadanos deben ser parte integral del poder legislativo.[16] Recordemos que desde su punto de vista los hombres sólo se vuelven libres obedeciendo las leyes que ellos mismos se han dado, pues obedecer a otro supone haber cedido la voluntad y, ésta, es intransferible. Sólo aquel que participa en las decisiones acerca de lo que tiene y no tiene que hacer es autónomo. Y en ello radica la noción de libertad positiva que Isaiah Berlin atribuye a Rousseau y otros pensadores como Kant, Hegel y Marx.

En su conocido texto *Dos conceptos de libertad*, Berlin sostenía que no es lo mismo ser *libre de* que ser *libre para*. La *libertad de* se refiere a que un individuo es libre si y sólo si puede actuar conforme

---

[16] Es consciente de que el poder legislativo no puede estar reunido de manera permanente. Pero, en su opinión: «[…] no basta que el pueblo reunido haya sancionado una vez la constitución del Estado, dando su aprobación a un cuerpo de leyes; no basta que haya establecido un gobierno perpetuo, o que haya provisto, de una vez por todas la elección de los magistrados. Además de las asambleas extraordinarias, motivadas por casos imprevistos, es preciso que haya otras fijas y periódicas, que nada pueda abolir o prorrogar, de tal modo que, en el día señalado, el pueblo sea legítimamente convocado por ley» (Rousseau, 2000: 90).

a sus deseos sin que nada ni nadie obstruya su decisión. A esta concepción de la libertad como ausencia de interferencia, Berlin la denominó libertad *negativa*, y la asoció con lo que en otro tiempo Constant denominó la libertad de los modernos (Berlin, 1988: 200). Se trata, en su opinión, de la concepción de Hobbes, Bentham, Mill, Montesquieu, Constant y Tocqueville. Pero Berlin argumentaba que junto a la libertad negativa se había desarrollado otra concepción de la libertad, contrapuesta a ésta, a la que denominó la *libertad positiva*. O siguiendo una vez más a Constant, la libertad de los antiguos. La libertad positiva, la *libertad para*, se refiere a que un individuo es libre si y sólo si participa «[…] en el proceso por el que ha de ser controlada [su] vida» (Berlin, 1988: 200). Y la forma en la que los hombres controlan su vida es obedeciéndose a sí mismos, esto es, autogobernándose. Por eso no resulta extraño leer en el *Contrato Social*:

> Cuanto mejor se halla constituido el Estado, más prevalecen los asuntos públicos sobre los privados en el espíritu de los ciudadanos. Hasta hay muchos menos asuntos privados, porque, al proporcionar la suma de la felicidad común una parte mayor a la felicidad de cada individuo, éstos no necesitan tanto buscarla en los asuntos particulares. En una ciudad bien gobernada, todos acuden presurosos a las asambleas; pero bajo un mal gobierno, nadie quiere dar un paso para asistir a ellas, porque a nadie le interesa lo que allí se hace, y porque prevé que no dominará la voluntad general y que, al final, los asuntos domésticos lo dominarán todo (Rousseau, 2000: 93).

La participación de los ciudadanos en la vida pública resulta tan importante para Rousseau que, en su opinión, cuando alguien dice que los asuntos del Estado no le importan, el Estado está perdido. Por ello sostiene que en el estado civil debiera cultivarse una especie de «religión civil». Esto es, un culto tal hacia los asuntos públicos que logre promover que los ciudadanos amen las leyes y la justicia al punto de estar dispuestos a «[…] inmolar la vida, en caso de necesidad, ante el deber» (Rousseau, 2000: 139). Acorde en materia religiosa con los liberales, Rousseau considera que los dogmas religiosos de cada ciudadano no son de interés para el Estado en la medida en que no afectan los demás. Pero en cambio sí considera función del soberano indicar los preceptos de la «religión civil», no como dogmas religiosos, «[…] sino como normas de sociabilidad, sin las cuales es imposible ser buen ciudadano y súbdito fiel» (Rousseau, 2000: 138).

Y es aquí donde Pettit y Viroli claramente se desmarcan de Rousseau. A diferencia del ginebrino, ellos no conciben la participación política como un fin en sí mismo. No consideran que las virtudes cívicas deban anteponerse a los derechos individuales porque la vida pública tenga o deba tener un mayor valor para los individuos. Paradójicamente, en la misma línea que un liberal como Berlin, ambos autores consideran que este énfasis en la libertad positiva, con la pretensión de autonomía y autorrealización, ha derivado en una concepción dualista del ser humano (un ser dividido entre sus deseos y pasiones por un lado, y su razón y capacidad de control) que ha servido para justificar la opresión e intimidación en nombre de «verdaderos yos» o de una concepción particular de la vida buena. Por eso, Pettit y Viroli se muestran recelosos respecto de la libertad positiva. Para ellos el republicanismo no sólo alienta el desarrollo de las virtudes cívicas, lo exige. Pero esto atiende a una motivación instrumental, no sustancial: sólo defendiendo la libertad de nuestra comunidad garantizamos nuestra libertad individual.[17]

En mi opinión, como podrá verse en el siguiente y último apartado, Pettit y Viroli pueden tener un buen punto cuando subrayan que en el mundo moderno la participación en la vida política no constituye un fin en sí mismo. Sin embargo, lo que a mí me interesa destacar en este espacio es que, por la motivación que sea (instrumental o sustancial), Rousseau no sólo defiende la noción de libertad como no dominación, sino que además establece una clara conexión entre la idea de la libertad como ausencia de interferencia arbitraria y la noción de libertad como autogobierno. Y lo curioso es que el propio Viroli así lo reconoce cuando afirma lo siguiente:

La idea republicana de la libertad política, entendida como ausencia de dominación, es la fuente del ideal democrático de la libertad política, entendi-

[17] Viroli, por ejemplo, sostiene que es un error suponer que el republicanismo tiene como valor fundamental la participación en la vida pública (como pretenderían los republicanos perfeccionistas, defensores de la libertad positiva y del autogobierno). En su opinión los republicanos subrayan la importancia de la participación política como medio para preservar la libertad individual y para seleccionar a los mejores ciudadanos para los puestos de gobierno (Viroli, 2002: 66).

da como autonomía (o sea, regirse por normas que reflejan nuestra voluntad). Las palabras de Rousseau indican que la libertad democrática es una versión radical de la libertad republicana: si ser libre significa no depender de la voluntad arbitraria de un hombre o de un grupo, como los teóricos republicanos afirman, [entonces] disfrutamos de la libertad política completa cuando dependemos sólo de nuestra propia voluntad, es decir, cuando vivimos en un sistema de gobierno autónomo que nos permite aprobar o rechazar las normas que rigen la vida de la colectividad [la traducción es mía] (Viroli, 2002b: 30).

La autonomía supone e implica necesariamente la ausencia de dominación. Y lo supone en dos sentidos: el primero lo mencionamos ya en el apartado anterior: la autonomía (autogobierno) presupone la independencia económica. Aquel que vive a merced de otro no puede ser autónomo, no puede controlar su vida obedeciendo leyes que podría darse a sí mismo porque su sobrevivencia, su existencia, depende de la voluntad de otro. Cuando Rousseau señala que nadie debe ser tan pobre como para tener que venderse no sólo está pensando en la necesidad de una distribución más o menos equitativa de la propiedad y la riqueza. Está pensando, como lo hará también Kant en *Teoría y praxis*, en el riesgo que se corre cuando personas que no son independientes participan en la política: el desarrollo del clientelismo. Quienes dependen de otro para subsistir no pueden tomar decisiones libremente acerca de lo que consideran más adecuado para la vida pública a menos que dichas decisiones se tomen por medio de un voto secreto. Y, en incontables ocasiones, ni siquiera ello lo garantiza.

Por eso, llama la atención que tanto Pettit como Viroli insistan en borrar a Rousseau de la tradición republicana inscribiéndolo en esa escuela que ellos han denominado «populista» o defensora de la libertad democrática. Porque si bien Rousseau insiste en resaltar la importancia de la participación política, esto es de la libertad positiva, tiene claro que ello sólo es posible en un contexto de independencia económica, a saber, de libertad como ausencia de interferencia arbitraria. Viroli asegura: «libertad democrática, sin embargo, no se identifica con la libertad republicana. La libertad democrática es un tipo de libertad positiva que se expresa en la participación directa en las deliberaciones soberanas. La libertad republicana es un tipo de libertad negativa de la cual los individuos gozan cuando son libres de dominación, cuando no están sujetos a la voluntad arbitraria de un individuo o grupo» (Viroli, 2002b: 30). A juicio de Viroli pareciera entonces que para Rousseau es posible ser libre en el sentido democrático (esto es, gozar de la libertad positiva) y al mismo tiempo no serlo en el sentido republicano (estando sometido a la interferencia arbitraria de otro). Sin embargo, como ya he dicho, en mi opinión esta perspectiva resulta equivocada. En un primer sentido la autonomía política supone la independencia económica.

Pero también desde un segundo sentido dicha perspectiva revela inconsistencias. Se trata de una cuestión muy simple: si ser autónomo es obedecer las leyes que uno mismo se ha dado, entonces estas leyes no pueden provenir de una voluntad arbitraria. Y cito nuevamente al propio Viroli: «disfrutamos de la libertad política completa cuando dependemos sólo de nuestra propia voluntad» (Viroli, 2002b: 30). Dicho en otras palabras, sólo podemos ser verdaderamente autónomos si no estamos dominados. Si alguien más decide por nosotros (y aquí no sólo me refiero a cuestiones de dependencia económica, podemos hablar también de dominación cultural, de género, etcétera) en ese momento no sólo estamos siendo dominados, sino que además perdemos toda posibilidad de ser autónomos. Contrario a lo que piensa Viroli, en mi opinión Rousseau incluso va más allá del neorrepublicanismo que pretende escindir la libertad como ausencia de dominación de la libertad como autogobierno.

Desde mi perspectiva, ambas nociones de libertad presentes en el pensamiento rousseauniano hacen de su republicanismo un discurso mucho más integral y prometedor que aquel que genera falsos dilemas. Por supuesto que hay que reconocer el valioso ejercicio intelectual que han hecho pensadores como Skinner, Pettit y Viroli al analizar y rescatar ese sentido aparentemente olvidado de la libertad, sobre todo por la tradición liberal: la libertad como ausencia de interferencia arbitraria. Pero, de ello no se sigue que deba aceptarse que en el caso de Rousseau, éste resalte la libertad positiva en detrimento de la libertad como no dominación.

Pluralidad, asociaciones y minorías: Algunos tropiezos en el republicanismo rousseauniano

Al inicio de este trabajo aseveré que si bien Rousseau sostiene tesis que comulgan tanto con la visión republicana más generalizada (aquella que subraya la importancia de la participación política, la libertad positiva) como con la del neorrepublicanismo (que defiende la idea de que lo que distingue a esta tradición es la libertad como no dominación y no la libertad positiva), lo cierto es que también realiza algunas afirmaciones que no sólo lo enfrentan hoy a la tradición liberal y al neorrepublicanismo, sino que incluso lo contraponen a la tradición republicana clásica. ¿Por qué?

Hemos dicho reiteradamente que Rousseau rechaza la interferencia arbitraria pero, a diferencia del liberalismo que se opone a cualquier tipo de interferencia y procura reducir al mínimo la interferencia del gobierno y de la ley, Rousseau defiende tenazmente la interferencia de la ley, pues desde su perspectiva ésta no es más que la expresión de la voluntad general. Y si la voluntad general, como dijimos, persigue el interés común, entonces según Rousseau las leyes inevitablemente conducirán hacia este interés común. Por eso garantizar el cumplimiento de la ley equivale a promover el interés común. ¿Pero qué es el interés común? ¿Cómo se determina? He aquí, a mi parecer, uno de los argumentos más flojos en el pensamiento rousseauniano.

Como dijimos más arriba, Rousseau establece una clara diferencia entre la *voluntad de todos* y la *voluntad general*. Subraya que esta última se funda en el interés común mientras que la primera busca el interés privado y, por ende, no puede ser más que una suma de voluntades particulares. Ahora bien, en la opinión de Rousseau, la voluntad general es *infalible*: sus dictados siempre serán rectos. Puede ser que un ciudadano o un grupo de ciudadanos no compartan en principio la opinión que expresa la voluntad general pero, una vez que ha quedado sentado cuál es el sentir de esta voluntad, todos *deben querer* lo que ella dicta, y si alguien se niega a aceptar sus directrices, entonces se torna necesario, a decir de Rousseau, «obligarlo a ser libre»; en otras palabras, obligarlo a asumir los dictados de la voluntad general, pues esta vinculación del ciudadano con su patria es la condición que le protege de la dependencia personal.

Rousseau se ampara en la legitimidad que supone el carácter unánime del contrato social, el primer convenio, para justificar la obligación de la minoría a someterse a las posteriores elecciones de la
mayoría. Un férreo defensor de Rousseau podría decirme que me
equivoco al hacer semejante aseveración. Que el ginebrino, justamente, marca una diferencia entre la voluntad general y la voluntad
de todos para dejar en claro que la primera representa al interés común, no al de la mayoría. Sin embargo, en mi opinión Rousseau no
sólo es poco claro y preciso en este respecto, sino que además resulta
inconsistente.

Aunque en los primeros capítulos del *Contrato Social* el ginebrino sostiene que la voluntad general no puede entenderse como una
suma de voluntades, más adelante, cuando intenta explicar la forma
en que se determina el contenido de los dictados de la voluntad general, señala que éstos se definen al sustraer los extremos de las voluntades particulares, que se destruyen mutuamente, y el resultado de
ello constituye la voluntad general. Dice literalmente: «para que una
voluntad sea general, no siempre es necesario que sea unánime, pero
sí es necesario que se cuenten todos los votos» (Rousseau, 2000: 26).
De manera que la voluntad general no es resultado de un idílico consenso entre hombres infalibles que ineluctablemente persiguen el
bien común, como había sostenido al principio, sino que es producto
de una suma de votos. No me cabe la menor duda de que los fieles
seguidores de Rousseau traerán a colación la expresión que anteriormente cité para subrayar una vez más que me equivoco, pues la voluntad general no se expresa en el cómputo de votos.

Sin embargo, yo insisto que, aunque Rousseau en algún momento
ciertamente afirma eso, también afirma en otros espacios lo que acabo
de reproducir: la voluntad general no siempre es unánime; lo importante es que se cuenten los votos de todos los asociados. Ergo, los
dictados de la voluntad general no siempre son fruto de indiscutibles
consensos, sino que en ocasiones son resultado de votaciones; y en
esos casos es la opinión de la mayoría la que expresa la voluntad general: «cada uno, al dar su voto, da su opinión al respecto, y del cálculo
de votos se saca la declaración de la voluntad general. Por tanto,
cuando la opinión contraria vence a la mía, eso no demuestra más
que yo me había equivocado, y que lo que yo consideraba como voluntad general no lo era» (Rousseau, 2000: 107).

Rousseau reconoce la existencia de intereses en conflicto y, sin duda, eso es importante. Pero a diferencia de otros pensadores republicanos que ven en el gobierno mixto no sólo la posibilidad de reconocer la pluralidad de intereses, sino también la posibilidad de escenificar y regular el conflicto para evitar el extremo de la violencia, Rousseau prefiere eliminar tanto el conflicto como la diferencia. Sostiene incluso que «[…] es importante […], para la formulación de la voluntad general que no haya ninguna sociedad parcial en el estado» (Rousseau, 2000: 28-29); o sea, que no haya asociaciones de ningún tipo.

En mi opinión, estas tesis no sólo resultan inaceptables para el paradigma liberal y para los neorrepublicanos. Incluso republicanos clásicos como Aristóteles, Cicerón o Maquiavelo, pienso que las habrían considerado insostenibles. Si hay algo que caracteriza a las sociedades modernas es justamente la pluralidad. Sin duda la regla de la mayoría, o la «ley de la pluralidad de los sufragios» como la denomina Rousseau, constituyen el mecanismo de mayor legitimidad para tomar decisiones sobre la vida pública. Sin embargo, a mi parecer, de ello no se infiere que la mayoría deba estar facultada para decidir en todos los casos sobre todos los temas. Y en esto coincido con Pettit y difiero de otros pensadores neorrepublicanos como Félix Ovejero que defiende la tesis de que en una democracia republicana todo debe ser materia de debate y de decisión de todos.

Pettit sostiene que Rousseau

[…] tenía las ideas básicas republicanas, rechazaba la dependencia de la buena voluntad del otro, creía que la libertad es la ausencia de la dominación y defendía el Estado de derecho. Pero […] aportó una idea al republicanismo que le es ajena: la del pueblo soberano, la de unir a la gente en una sola voz […] Estas ideas —asegura— proceden de pensadores como el absolutista Jean Bodin o Thomas Hobbes. La idea de que el pueblo hable con una sola voz es profundamente antirrepublicana (Pettit, 2004).

A diferencia de Pettit yo no considero que la falta de preocupación de Rousseau por las minorías y su clara intención de someterlas a los dictados de la mayoría (de la voluntad general) constituya razones suficientes para desconocer el rostro republicano de Rousseau. Pero tampoco puedo dejar de señalar que este argumento, efectivamente, constituye uno de los aspectos más endebles de su pensamiento.

En mi opinión este problema se podría formular en términos de un conflicto entre derechos y soberanía. Fiel a su defensa de la libertad como ausencia de dominación, Pettit considera inaceptable que los derechos puedan someterse a la mayoría. Y en esto coincido plenamente con él. No porque esté prohibido el debate, sino porque en una república democrática no puede estar a discusión la dominación de un grupo sobre otro (sea éste mayoritario o minoritario, da igual). Claramente no puede haber lugar para la dominación. Por ello la tesis rousseauniana de que la voluntad general está suficientemente legitimada mediante el contrato social para decidir todo por la regla de la mayoría es, en mi opinión, insostenible y contradictoria con la propia defensa que Rousseau hace de libertad como ausencia de dependencia, esto es de interferencia arbitraria o dominación. La pretensión de fundar la vida pública en propósitos morales supuestamente compartidos por *todos* los ciudadanos (por la voluntad general) es a todas luces objetable, pues supone una concepción objetiva del bien que fácilmente puede derivar en posiciones autoritarias que socaven la pluralidad y atenten contra las minorías.

Y ésta es, en mi opinión, una de las principales debilidades del republicanismo rousseauniano. Siguiendo a José Rubio Carracedo (2003) sostengo que si no se fija un texto constitucional en el que queden garantizados los derechos fundamentales, queda sin garantizarse una parte esencial del contrato social republicano. Un texto constitucional limita no sólo la tiranía o arbitrariedad de la mayoría, sino que garantiza además los derechos fundamentales de las minorías. Lo cual resulta mucho más acorde con la tradición republicana que no sólo reconoce la pluralidad, sino que además, lejos de pretender suprimirla, busca simplemente regular las formas en que se expresan las diferencias.

Conclusión

Contrario a lo que sostienen pensadores neorrepublicanos como Pettit y Viroli, yo considero que Rousseau es a todas luces un pensador republicano. Y esto lo sostengo no sólo por su clara defensa de la participación política (de la libertad positiva), sino también por su evidente preocupación por la libertad como ausencia de interferencia arbitraria, cosa que, como hemos visto, tanto Pettit como Viroli soslayan.

Ahora bien, aunque el republicanismo rousseauniano nos ofrece bastantes elementos para formular una propuesta normativa que garantice la independencia y la autonomía en sociedades como las nuestras que se caracterizan por grandes desigualdades económico-sociales y una generalizada apatía política, tiene no obstante el defecto de pretender suprimir la pluralidad atentando contra las minorías. Y, en este aspecto, es imposible estar de acuerdo con Rousseau. Pero en mi opinión no se trata ni de hacer una apología ni una execración de Rousseau, sino de recuperar aquellos argumentos que consideramos sólidos y útiles para pensar los problemas de nuestras sociedades y descartar aquellos que pensamos que además de débiles e inconsistentes lejos están de ofrecer algún beneficio.

Fuentes consultadas

ÁGUILA, R. del (2000), "La política: el poder y la legitimidad", en Águila, R. del (coord.), *Manual de ciencia política*, Madrid, Trotta.

ÁGUILA, R. del, Vallespín, F. *et. al.* (1998), *La democracia en sus textos*, Madrid, Alianza.

DE FRANCISCO, Andrés (2007), *Ciudadanía y democracia. Un enfoque republicano*, Madrid, Catarata.

BERLIN, I. (1998), *Cuatro ensayos sobre la libertad*, Madrid, Alianza.

BOBBIO, N. y Bovero, M. A. (1985), *Orígenes y fundamentos del poder político*, México, Grijalbo.

_________ (1986), *Sociedad y Estado en la filosofía moderna*, México, FCE.

FERNÁNDEZ SANTILLÁN, J.F. (1992), *Hobbes y Rousseau. Entre la autocracia y la democracia*, México, FCE.

HELD, D. (2001), *Modelos de democracia*, Madrid, Alianza.

MARCONE, J. (2008) "¿Rousseau republicano?", en J. Espinosa, *Rousseau, la mirada de las disciplinas*, Casa Juan Pablos y Universidad Autónoma del Estado de Morelos.

PALLAS, C. (2006), "¿Libertad como antipoder o como poder efectivo?", en *Actio*, disponible en <www.fhuce.edu.uy/actio/Textos/7/Carolina%20Pallas.pdf>.

Pettit, P. (1999), *Republicanismo. Una teoría sobre la libertad y el gobierno*, España, Paidós.

__________ (2004), "Liberalismo y republicanismo", en Félix Ovejero, José Luis Martí y Roberto Gargarella, *Nuevas ideas republicanas*, Barcelona, Paidós.

__________ (2004), "Zapatero me invita a que examine a su Gobierno dentro de tres años, entrevista realizada por José María Marti el 25 de julio de 2004 publicada en el periódico *El País*, España, disponible en <http://elpais.com/diario/2004/07/25/domingo/1090727555_850215.html>.

__________ (2006a), *Una teoría de la libertad*, Madrid, Editorial Losada.

__________ (2006b), "Republicanismo y filosofía", entrevista a Philip Pettit, realizada por Eduardo Moreno Núñez para *Sin Permiso*, disponible en <http://www.sinpermiso.info/textos/index.php?id=606>

__________ (2008), *Examen a Zapatero*, Madrid, Temas de Hoy.

__________ (2012), *On the People's Terms: A Republican Theory and Model of Democracy (The Seeley Lectures*, Cambridge University, 2010), Cambridge University Press.

__________ (2014), *Just Freedom: A Moral Compass for a Complex World*, Nueva York, Norton.

Ovejero, Félix, José Luis Martí y Roberto Gargarella (2004), *Nuevas ideas republicanas. Autogobierno y libertad*, Barcelona, Paidós.

Rousseau, J. J. (2000), *El contrato social o Principios de derecho político*, Madrid, Tecnos.

__________ (2000), *Emilio o de la Educación*, Madrid, Alianza.

__________ (1988), *Proyecto de constitución para Córcega; Consideraciones sobre el gobierno de Polonia*, Madrid, Tecnos.

__________ (1987), *Discurso sobre el origen y fundamentos de la desigualdad entre los hombres y otros escritos*, Madrid, Tecnos.

__________ (1985), *Discurso sobre la economía política*, Madrid, Tecnos.

Rubio Carracedo, J. (1990), *Democracia o representación. Poder y Legitimidad en Rousseau*, Madrid, Centro de Estudios Constitucionales.

__________ (2000), "Rousseau y la democracia republicana" en C. Cansino (dir.), *Metapolítica*, México, CPCOM, vol. 4, abril-junio.

__________ (2003), "Educar ciudadanos. El planteamiento republicano-liberal de Rousseau", en Jesús Conill Sancho y David A. Crocker (coords.), *Republicanismo y educación cívica: ¿Más allá del liberalismo?*

SERRANO, E. (1999), "Modernidad y sociedad civil", en Olvera, A. (coord.), *La sociedad civil, de la teoría a la realidad*, México, El Colegio de México.

SOLARI, G. (1994), "La formación histórica y filosófica del Estado Moderno", en D. Paris y G Ávalos Tenorio (coords.), *Estado y política en el pensamiento moderno*, México, UAM-Xochimilco.

TALMON, J. L. (1956), *Los orígenes de la democracia totalitaria*, Madrid, Aguilar.

VIROLI, M. (2002a), *Republicanism*, Nueva York, Hill and Wang.

_______ (2002b), "Republic and democracy: On early moderns origins of democratic theory", en T. Rabb, *The Making and Unmaking of Democracy: Lessons from History and World Politics*, Routledge.

EL ENIGMA DE ROUSSEAU

Luis Salazar Carrión

Barbarus hic ego sum, quia non intelligor illis[1]

Pocos clásicos han suscitado reacciones tanto opuestas y extremas como Jean-Jacques Rousseau. Su elegante y provocador estilo despierta al mismo tiempo una fascinación irresistible y una irritación invencible ante una obra que a primera vista no sólo va en contra del sentido común y de las opiniones más difundidas, sino parece plagada de inconsistencias y ambigüedades, y que además difícilmente parece compatible con la vida misma de su autor. Como escribiría Denis Diderot, quien fuera primero su amigo y protector, y después uno de sus críticos más radicales:

> Pero, después de haber vivido veinte años con los filósofos, ¿cómo es que Jean-Jacques deviene anti-filósofo? Precisamente como se hizo católico entre los protestantes, protestante entre los católicos, y en medio de los católicos profesó el deísmo o el socialismo. [...] Como escribió contra los espectáculos después de haber hecho comedias. [...] Como se lanzó contra las letras que había cultivado toda la vida. [...] Como predicando contra las costumbres licenciosas, compuso una novela licenciosa.[2]

---

[1] Paso aquí por Bárbaro porque no me comprenden. Ovidio. Epígrafe del *Discurso sobre las ciencias y las artes*.

[2] D. Diderot, *Essai sur le règne de Claude et de Neron*, citado por G. Silvestrini, *Diritto naturale e volontà generale*, Claudiana, Turín, 2010, p. 9. En su *Carta a D'Alam-*

Muchas más incoherencias aparentes o reales podrían señalarse: padre que abandona sus hijos, pero escribe un impresionante tratado pedagógico, el *Emilio*. Crítico feroz de la civilización y la política modernas que reivindica orgullosamente su ciudadanía ginebrina, pero que vive casi toda su vida adulta fuera de Ginebra. Colaborador destacado de ese gran proyecto ilustrado que fue la *Enciclopedia* de Diderot y D'Alambert, y que en su *Primer discurso*[3] parece convertir a las ciencias y a las artes en una de las causas de la degeneración física y moral de la humanidad. Defensor en su *Segundo discurso*[4] de una visión más bien pesimista de la historia de la civilización humana, que Kant quizá habría denominado «terrorista», en la medida en que incluso los gobiernos más exitosos y virtuosos están fatalmente condenados a degenerar tarde o temprano en el más feroz despotismo, en el imperio de la ley del más fuerte, pero que poco tiempo después escribirá, para la *Enciclopedia*, un artículo sobre *Economía política* en el que propone, como principio de una buena administración pública, que reinen la virtud y la legalidad, y que más tarde escribe un tratado político aparentemente utópico, *Del Contrato social*,[5] en el que defiende los principios de un republicanismo radical, capaz de integrar y subsumir al hombre en el ciudadano virtuoso, en el ciudadano total. ¿Cómo caracterizar entonces el pensamiento y la obra de un autor que por un lado defiende el principio de la soberanía popular absoluta, hasta el extremo de rechazar cualquier tipo de representación y, por otro, considera que la democracia como forma de gobierno sólo sería buena para los dioses pero no para los hombres? ¿Cómo entender la relación entre su *Discurso sobre la desigualdad*, en el que la sociedad civil aparece como resultado de un pacto engañoso concebido por el rico para convertir a sus adversarios en sus defensores, convenciéndolos mediante razones «especiosas», y el *Contrato social*, en el que, en cambio, el pacto

---

bert, el proprio Rousseau reconoce que su crítica al teatro por sus consecuencias morales y políticas para Ginebra nada tienen que ver con su personal admiración por las grandes obras teatrales de Molière y otros autores.

[3] *Discours sur les sciences et les arts*, en *Oeuvres Complets*, vol. 2, Editions du Seuil, París, 1971.

[4] *Discours sur l'origine et les fondaments de l'inegalité parmi les hommes*, en OC, vol. 2,

[5] *Du Contrat social*, en OC, vol.2.

constitutivo del Estado transforma los hombres, de «animales limitados y estúpidos en seres inteligentes, en verdaderos hombres»?

Sin embargo, Rousseau sostuvo siempre la unidad y coherencia de todos sus escritos e incluso de todas sus acciones. Y en efecto, en el *Emilio*, obra escrita casi al mismo tiempo que el *Contrato social*, pueden encontrarse argumentos muy similares a los del *Segundo discurso*, al lado, para colmo, de un resumen de los temas contenidos en el *Contrato social*. No es casual, por ende, que los textos de Rousseau hayan suscitado reacciones e interpretaciones tan variadas e incluso contradictorias. Desde las de Voltaire y los enciclopedistas, que difícilmente podían aceptar una filosofía que hacía del progreso de la civilización, de las ciencias y las artes modernas, una de las causas de la depravación y degeneración de la humanidad, así como la fuente de todos los vicios y violencias que la desgarran, pasando por las de las autoridades religiosas y políticas de Ginebra y de Francia que sólo podían verlos como una crítica despiadada de sus intereses y sus valores, lo que hacía necesario prohibir y quemar esas obras y perseguir a su autor como un delincuente. Hasta las de tantos revolucionarios, empezando por Robespierre, que lo leerían como un autor subversivo, como un crítico implacable del *Ancien Régime*.

El propio Rousseau dedicó buena parte de sus escritos polémicos a luchar contra estas reacciones e interpretaciones que, según él, sólo se fundaban en malentendidos y deformaciones de su pensamiento. Lo que a su vez sólo podía basarse en la mala fe y en el odio que generaba no tanto su pensamiento, sus ideas, sino su persona. No lo que escribía, sino lo que era: un hombre, que a diferencia de sus adversarios, sólo quería decir la verdad frente a los que en cambio buscaban sólo decir lo conveniente, y defender al pueblo frente a los que en cambio querían justificar y legitimar a los poderosos.[6] Si recordamos la preferencia de la mayoría de los ilustrados, con Voltaire a la cabeza, de buscar apoyos entre los poderosos para introducir reformas y educar a los pueblos (el famoso «despotismo ilustrado»), sólo podemos reconocer que el ginebrino, en parte al menos, tenía razón. Pero también tendríamos que reconocer no sólo el carácter provocador y paradójico de sus planteamientos, sino las tensiones teóricas

---

[6] «Ahora bien, la verdad no conduce a la fortuna, y el pueblo no da ni embajadas, ni cargos, ni pensiones». CS. L. II, cap. II, p527.

que atraviesan a su pensamiento político. Tensiones que explican el carácter anómalo, pero teóricamente fecundo, de una obra que es al mismo tiempo crítica, normativa y paradójicamente pesimista.[7]

En efecto, parece posible sostener que los dos primeros *Discursos*, pero también el *Emilio*[8] y la *Carta a D'Alambert*, representan una crítica demoledora tanto de la civilización moderna como de la idea ilustrada, de que el progreso de las ciencias y las artes conduce al mejoramiento moral y político de las sociedades y de los seres humanos. Fundándose en una creciente desigualdad, primero económica, después política, la evolución de las sociedades sólo puede conducir, tarde o temprano, al mayor de los despotismos, al predominio incontestable de la ley del más fuerte, y a la depravación moral y política de los seres humanos; a lo que Hegel y Marx habrían denominado su enajenación (separación/extrañamiento).[9] En cambio, el ensayo sobre *Economía Política* lo mismo que *El Contrato Social*, nos presentan con diversos matices un modelo normativo, una escala para medir, por así decirlo, el grado de legitimidad o ilegitimidad de los Estados existentes. Se trata, como veremos, de un modelo abstracto, de una utopía cuya realización supone condiciones tan exigentes que el propio Rousseau parece restringirla como adecuada sólo para pocos y excepcionales casos concretos. El *Contrato Social*, dirá el ginebrino, no es para Francia, ni para la mayor parte de las sociedades europeas, ya corrompidas por la desigualdad y la civilización modernas. Si acaso puede servir para frenar o ralentizar la degeneración de su patria o para pueblos jóvenes, y todavía no corrompidos como el de Córcega o el de Polonia. Pues como toda obra del artificio humano, los gobiernos llevan en su propio seno las causas de su degeneración y de su muerte. De ahí el pesimismo que lleva a Rousseau a afirmar que el problema de «de encontrar una forma de gobierno que coloque la ley por encima del hombre» tal vez sea tan insoluble como el de la cuadratura del círculo; e incluso a reconocer que, si esto es imposible:

---

[7] Como señala G. Silvestrini en el libro citado.

[8] *OC*, vol 3, ed. Cit.

[9] Con la importante diferencia de que para Rousseau esa enajenación es propiamente insuperable.

[…] hay que irse al extremo opuesto y situar de golpe al hombre tan por encima de la ley como sea posible, instaurando por consiguiente el despotismo arbitrario y lo más arbitrario… en una palabra no veo término medio sostenible entre la democracia más austera y el más perfecto hobbismo pues el conflicto entre hombres y leyes, introductor en el Estado de una continua guerra intestina, es el peor de los estados políticos.[10]

Tal vez este crudo realismo pesimista, agudizado por la triste experiencia de verse condenado y perseguido por sus obras, tanto en Francia como en Ginebra, es el que lleve a Rousseau a terminar sus días ya no como orgulloso ciudadano de Ginebra, comprometido políticamente con su patria, sino como autor de las *Ensoñaciones de un paseante solitario*.

En estos tiempos de desencanto democrático y de cinismo posdemocrático, en los que buena parte de los temores y pesadillas de Rousseau parecen haber triunfado irreversiblemente, volviendo el ideal del gobierno de las leyes una verdadera utopía, quizá no sobre releer una obra que quiso y en parte logró poner en evidencia las terribles consecuencias morales y políticos de la desigualdad y su corolario: el despotismo de los poderes salvajes, el imperio de la ley del más fuerte.

La quimera de Rousseau

En lo que puede considerarse el primer esbozo de su proyecto teórico sobre las Instituciones Políticas, escrito entre 1745 y 1749, Rousseau afirmaba lo siguiente:

Voy a decir la verdad y la diré en el tono que le conviene. […] Me complace soñar que un día algún hombre de Estado será ciudadano, que no cambiará las cosas únicamente para hacerlas de otra manera que su predecesor, sino para actuar de suerte que vayan mejor; que no tendrá sin cesar la felicidad pública en la boca pero que la tendrá un poco en el corazón. Que no volverá infelices a los pueblos para afirmar su autoridad, sino hará servir su autori-

[10] *Carta al Marqués de Mirabeau*, en *Escritos polémicos*, Tecnos, Madrid, 1994, pp. 157-158.

dad para establecer la felicidad de los pueblos. Que por un azar feliz pondrá los ojos sobre este libro, que mis informes ideas le harán nacer otras más útiles, que trabajará para volver mejores o más felices a los hombres y que yo tal vez habré contribuido en algo. Esta quimera me puesto la pluma en la mano (Rousseau, 1977: 45).

La política fundada «en la verdad» es, entonces, la que se propone algo mucho más ambicioso que lo que plantea Hobbes (alcanzar una vida segura y confortable; es decir, un orden social pacífico) o lo que afirma Locke (la protección de la vida, la libertad y los bienes de los que se asocian): es, más bien, volver *virtuosos* y mejores a los hombres, es establecer la «felicidad de los pueblos». Esta concepción idealizada e idealizante de la política fundada en la verdad, que Rousseau comparte con Platón, no lo conducirá, sin embargo, a elaborar un orden perfecto, una utopía en el sentido estricto de la palabra «que sólo existe en el discurso», como dice Platón en *La República*, sino a la búsqueda de los principios que deben regir —y han regido— a las mejores repúblicas que han existido. Como suele suceder en la mayor parte de los pensadores republicanos —desde Polibio y Cicerón hasta Maquiavelo, Harrington y más recientemente Hanna Arendt— el modelo ideal no surge de la mera imaginación de los autores —como en el caso del propio Platón o de Moro y Campanella—, sino de la idealización de ciertas experiencias históricas que se vuelven, en este sentido, modélicas: Esparta, Roma, y en menor grado la República de Venecia o Ginebra. De ahí el carácter nostálgico e incluso paradójicamente a la vez crítico y conservador de las tradiciones republicanas, así como su tendencia a construir conceptos eulógicos de la política y de la naturaleza virtuosa, heroica, casi sobrehumana, de determinados personajes y de ciertos pueblos.

Ahora bien, lo que singulariza el republicanismo de Rousseau es que, en lugar de contentarse con un estudio histórico orientado a mostrar la naturaleza axiológicamente superior de las experiencias republicanas —las de la antigua Grecia, las de Roma o las de las pequeñas repúblicas como Venecia y Ginebra— parte más bien de una crítica —que es al mismo tiempo una radicalización— de los supuestos y las categorías básicas de lo que Bobbio ha denominado «el modelo iusnaturalista» propuesto por Hobbes. De un modelo, entonces, puramente teórico, hipotético, cuyos supuestos individualistas y contractualistas resultan aparentemente incompatibles con los supuestos organicistas y holistas de lo que el propio Bobbio ha denominado «el modelo aristotélico».[11] La gran aportación teórica de Hobbes, en efecto, reside en una inversión radical de la perspectiva bajo la que se consideraban predominantemente los fenómenos políticos y la propia formación de poder político soberano: ya no el punto de vista de la totalidad como lógicamente anterior y axiológicamente superior a sus miembros, sino el punto de vista de los individuos, reconocidos como anteriores lógicamente y superiores axiológicamente al todo, al cuerpo político, que, en este sentido, es considerado como un *artificio* deliberadamente construido para beneficio de los propios individuos. Poco importa, bajo esta perspectiva, que en el planteamiento hobbesiano la configuración de este todo implique la formación de un poder soberano *legibus solutus*, en la medida en que de cualquier manera ese poder sólo es legítimo y racional en tanto es capaz de garantizar el derecho a la vida «segura y confortable» de sus artífices. Dicho de otra manera, con Hobbes surge la posibilidad de pensar la política ya no *ex parte principis* (desde el punto de vista de los que detentan el poder), sino *ex parte populi* (desde el punto de vista del pueblo, es decir, de los gobernados). Por ello, el fundamento del Estado o del poder soberano ya no se encuentra en una supuesta naturaleza política del hombre (en tanto *zoon politikon*) o en su presunto origen divino o patriarcal, sino, prosaicamente, en un consenso racional, en un artificio, en un pacto o contrato realizado libremente por individuos, que a cambio obtienen un determinado beneficio (la paz, la seguridad o la garantía de sus derechos inalienables).

Esta «revolución copernicana», como la ha denominado Bobbio, este cambio radical de la perspectiva para entender y evaluar el poder político es, con independencia de los ideales políticos peculiares de Hobbes o de Locke, el fundamento que permite sustituir el lenguaje organicista y comunitario de las virtudes —entendidas como capacidades-obligaciones— por el lenguaje individualista de los derechos —entendidos como exigencias-reivindicaciones de los individuos considerados como libres e iguales *por naturaleza*—, que el

---

[11] N. Bobbio, "El modelo iusnaturalista", en *Origen y fundamento del poder político*, Grijalbo, México, 1984. Así como del propio autor *Política y sociedad en el mundo moderno*, Fondo de Cultura Económica, México, 1986.

poder público está constitutivamente *obligado* a garantizar. Lo que supone romper con los supuestos organicistas y comunitarios de las tradiciones republicanas, para las que la libertad es comprendida más bien como un estatus cívico, esto es, como libertad mediante la pertenencia a una comunidad política, a una *res publica*, que requiere precisamente del cumplimiento de determinadas obligaciones cívicas (en primer lugar la obediencia de las leyes y la participación activa en los asuntos públicos), y por ende implica la primacía de las obligaciones sobre los derechos. Frente a esta concepción de la libertad como estatus, como libertad positiva, como autonomía, el modelo hobbesiano afirmará tajantemente la libertad negativa, como no interferencia, la libertad *frente* al poder, en tanto condición *natural* de los seres humanos. Reivindicando así lo que los autores republicanos tildaban de una concepción vulgar o salvaje de la libertad, frente a la conocida y más bien problemática idea de Cicerón de que es la obediencia de las leyes lo que nos hace libres (*Legum servi sumus ut liberi esse possimus*).[12]

Pues bien, la originalidad teórica de Rousseau es, a mi entender, utilizar las categorías y el lenguaje de los derechos del modelo hobbesiano (estado de naturaleza, estado de guerra, contrato social, estado de sociedad civil, etcétera) para reivindicar un ideal republicano de libertad y de legitimación del poder político. Lo que implica desarrollar, por un lado, una crítica radical de esas categorías y de su utilización por filósofos y juristas, y por otro, una reformulación igualmente radical de la idea del fundamento y fin legítimos (republicanos) del contrato social. Para entender este proyecto vale la pena partir de lo que el propio Rousseau dice al respecto en sus *Confesiones*.

Del estudio histórico de la moral, a los principios del derecho político

En el libro IX de este texto, Rousseau nos habla brevemente de cómo, después de escribir su *Discurso sobre la desigualdad*, retomó la idea de elaborar una obra sobre las *Instituciones Políticas*:

---

[12] «Somos esclavos de las leyes para que podamos ser libres».

Mis visiones se habían ampliado mucho mediante el estudio histórico de la moral (*Primer y Segundo discursos*).[13] Había visto que todo dependía radicalmente de la política, y que, de cualquier modo que se tomase, ningún pueblo sería jamás sino lo que la naturaleza de su gobierno lo hiciera ser; así esa gran cuestión sobre la mejor forma de gobierno posible me parecía reducirse a ésta: ¿Cuál es la naturaleza del gobierno propia para formar al pueblo más virtuoso, más esclarecido, más sabio, el mejor en fin, tomando esta palabra en su sentido más amplio? Había creído ver que esa cuestión dependía estrechamente de esta otra, si bien diferente: ¿Cuál es el gobierno que por su naturaleza se mantiene siempre lo más apegado a la ley? Y de ahí ¿qué es la ley?, y a una cadena de cuestiones de esta importancia. Veía que todo eso me llevaba a grandes verdades, útiles para la felicidad del género humano, pero sobre todo para la de mi patria (Rousseau, p. 277, 278).

De esta manera establece Rousseau la relación entre sus dos primeros discursos, en los que realizaría un estudio «histórico» de la moral y de la política, y su proyecto de las "Instituciones Políticas", del que surgiría el *Contrato Social*, que se plantearía como problema fundamental la cuestión acerca de la mejor forma de gobierno, entendida como aquella capaz de forjar un pueblo virtuoso y feliz, bajo el supuesto «de que todo dependía radicalmente de la política» y de que «ningún pueblo sería jamás sino lo que la naturaleza de su gobierno lo hiciera ser». Como es fácil observar, Rousseau reivindica así una concepción positiva, eudemonista y palingenésica de la política, en clara oposición a la visión más bien negativa, puramente instrumental, de la misma, sostenida tanto por Hobbes como por Locke. Una concepción antigua, *republicana y aristotélica*, que atribuye a la política y al gobierno el objetivo de volver virtuosos y felices a los hombres y que restablece entonces la prioridad y primacía de la pregunta sobre la mejor forma de gobierno —predominante en la filosofía política antigua— frente a las concepciones modernas que, en cambio, colocaban la pregunta sobre el fundamento de la obligación política (¿por qué debemos, o no, obedecer al poder político?) como la cuestión central. Pero a continuación hace depender estrechamente esa pregunta fundamental sobre la mejor forma de gobierno de otra, «si bien diferente», a saber la que concierne al gobierno que por

---

[13] Debe observarse que para Rousseau moral y política son inseparables.

naturaleza se mantiene más apegado a la ley, que a su vez plantea del problema de lo que es (o mejor dicho, *debe ser*) la ley.

Puede entonces decirse que mientras el estudio histórico de la moral y la política juega un papel explicativo de la formación de las cadenas sociales, que intenta dar cuenta de por qué los hombres, que por naturaleza son libres e iguales, han llegado a vivir en todas partes bajo cadenas, el *Contrato Social* se propone en cambio la cuestión normativa de qué puede otorgarle legitimidad a esas cadenas, esto es, alcanzar «grandes verdades, útiles para la felicidad del género humano, pero sobre todo de mi patria». No obstante, Rousseau mismo parece rechazar esta relación entre los *Discursos* y el *Contrato*, cuando después de afirmar su célebre tesis de que los hombres han nacido libres y, sin embargo, en todas partes viven entre cadenas, declara ignorar cómo se ha producido este cambio y sólo estar en condiciones de resolver la cuestión de qué puede dar legitimidad a dichas cadenas. Como si quisiera enfatizar la diferencia entre el enfoque «histórico-genealógico» de los *Discursos* y el enfoque normativo contractualista, propiamente iusnaturalista, del *Contrato Social*.

En cualquier caso, la obra política de Rousseau puede verse como una crítica radical del iusnaturalismo moderno, tanto en su versión filosófica (desarrollada básicamente por Hobbes y Locke), como en la versión propuesta por los juristas (como Grocio y Pufendorf).[14] El reproche fundamental que hace a todos estos autores concierne, en primer lugar, a su descripción de la naturaleza humana y, por ende, a su manera de entender a la naturaleza misma en general en oposición a lo artificial, a lo hecho mediante el arte o artificio humanos. Puede decirse, en efecto, que mientras en la concepción mecanicista de Hobbes, lo natural se identifica con el arte de un Dios incognoscible del que no sabemos nada salvo que existe, y en consecuencia apenas podemos ver como un conjunto de cuerpos y movimientos sin finalidad alguna, en la concepción rousseauniana la naturaleza aparece como un orden perfecto, armonioso, que se identifica con lo auténtico, lo verdadero, lo original, lo simple y primigenio, en oposición a lo artificial que aparece entonces como la obra, siempre necesariamente defectuosa, del arte humano, de un arte que da lugar a lo *artificioso*,

---

[14] Ver el libro de R. Derathé, *Jean-Jacques Rousseau et la science politique de son temps*, Vrin, París, 1995.

a lo falseado o facticio, que oculta y hasta traiciona lo verdaderamente natural y originario.

Esta concepción positiva de lo natural y negativa de lo artificial que es primeramente desarrollada en los *Discursos* es afirmada claramente en el *Emilio* en los siguientes términos:

> Todo está bien cuando sale de las manos del Autor de las cosas, todo degenera entre las manos del hombre. Fuerza una tierra a nutrir las producciones de otra, un árbol a llevar los frutos de otro; mezcla y confunde los climas, los elementos, las estaciones; mutila a su perro, a su caballo, a su esclavo; trastorna todo, desfigura todo, ama la deformidad, los monstruos; no quiere nada tal como lo ha hecho la naturaleza, ni siquiera al hombre; necesita domarlo para él, como a un caballo de carreras; necesita deformarlo a su manera, como a un árbol de su jardín (Rousseau, 1977: 19).

Esta reivindicación de la superioridad de lo natural, de lo que es obra de Dios, frente a lo producido por las ciencias y las artes humanas lleva a Rousseau a rechazar tajantemente tanto la concepción religiosa de San Agustín acerca de la naturaleza degradada y depravada del hombre como consecuencia del pecado original, cuanto las concepciones modernas de la naturaleza humana como esencialmente conflictiva y violenta. El gran error, afirma Rousseau, de Hobbes y de todos los que han hablado del estado de naturaleza como un estado de guerra o por lo menos de inseguridad, que debe superarse mediante el artificio del pacto de sumisión/asociación constitutivo del un poder soberano, reside precisamente en que, pretendiendo describir al hombre natural, lo que han pintado es el hombre civilizado, es decir el hombre alterado y desfigurado por la sociedad y la civilización. Pero a diferencia de los juristas como Grocio y como Pufendorf, y también en otro sentido de Locke, esto no significa que exista tendencia alguna o impulso natural de los seres humanos a vivir en sociedad.

> Los filósofos que han examinado los fundamentos de la sociedad, han sentido la necesidad de remontarse hasta el estado de naturaleza, pero ninguno de ellos ha logrado alcanzarlo. Unos no han vacilado en suponer en el hombre en ese estado una noción de lo justo y de lo injusto, sin preocuparse de mostrar que él debiera tener esta noción, ni que incluso le fuera útil. Otros

han hablado del derecho natural de cada uno a conservar lo que le pertenece, sin explicar lo que entendían por pertenecer. Otros todavía, dando desde el
principio a al más fuerte autoridad sobre el más débil, han hecho nacer de
inmediato el gobierno, sin pensar en el tiempo que debió transcurrir antes
que el sentido de las palabras autoridad y gobierno pudiera existir entre los
hombres. Todos en fin, hablando sin cesar de necesidad, de avidez, de opresión, de deseos y de orgullo, han transportado al estado de naturaleza, ideas
que habían tomado de la sociedad: hablaban del hombre salvaje, y pintaban
al hombre civil (*SD*, p. 212).

En este sentido, Rousseau radicaliza el postulado de Hobbes acerca del carácter insociable del hombre: nada en la naturaleza humana
propiamente dicha, impulsa a los seres humanos a asociarse, a establecer relaciones estables y permanentes con sus semejantes. En otras
palabras, por la naturaleza son absolutamente insociables (como proponía Hobbes), pero por ello mismo son absolutamente individualistas
y pacíficos, justo porque son totalmente autosuficientes, porque no
necesitan a sus semejantes.

Lejos de ser una situación absolutamente negativa, de guerra de
todos contra todos, como la que describe Hobbes, o una situación
precaria y defectuosa por la ausencia de un juez imparcial, como la
que sugiere Locke, el estado de naturaleza (prepolítico pero también
presocial) que imagina Rousseau es una condición cabalmente pacífica en la que los hombres gozan de una vida solitaria, libre, igualitaria, feliz, porque pueden satisfacer fácilmente sus pocas necesidades
naturales, sin *depender* de sus semejantes, ni tener que establecer relaciones permanentes con ellos. Por ello mismo estos hombres sólo
seguirán sus impulsos naturales, y aun si podrán ser unos más fuertes
o más hábiles que otros, tales desigualdades naturales carecerán de
toda relevancia, pues su propia soledad impedirá que se comparen
entre sí y por ende que surjan las pasiones que nacen solamente de la
vida en sociedad. Sin lenguaje, sin razón, sin relacionarse con los demás y en consecuencia sin necesidad de simular o disimular, cada
uno será auténtico, inocente, uno consigo mismo y por ende feliz.
Esto es lo que no han comprendido los autores como Hobbes, Locke
y los jurisconsultos, que, a pesar de querer describir la naturaleza humana, de hecho lo que han descrito es al hombre desnaturalizado,

desfigurado, falseado, corrompido y enajenado por el desarrollo de la civilización.

De esta manera, en lugar de las violentas pasiones que Hobbes (y en menor medida Locke) atribuye a la naturaleza humana, Rousseau afirma que por naturaleza los hombres sólo tienen dos impulsos: el amor a sí, sentimiento tranquilo que lo lleva al cuidado de sí mismo, y la piedad o compasión por el sufrimiento de sus semejantes, que lo impulsa a ayudarlos en determinadas situaciones. Contra Hobbes, pero también contra San Agustín, Rousseau afirma provocadoramente que, por naturaleza los seres humanos son «buenos», aun si en un sentido puramente negativo: son buenos porque sus sentimientos naturales —el amor a sí y la compasión— y su vida solitaria y autosuficiente en modo alguno los motivan a ser «malos», esto es, a rivalizar, competir, envidiar, odiar o engañar a sus semejantes. En ese estado de naturaleza que, como dice el propio Rousseau, «ya no existe, tal vez nunca ha existido y no existirá jamás», los hombres pueden por ende vivir en armonía total con la naturaleza y con su propia naturaleza y disfrutan de una felicidad que nosotros, hombres civilizados, apenas podemos imaginar.

> Con pasiones tan poco activas, y un freno tan saludable (la piedad o compasión), los hombres más hoscos que malvados, y más atentos a precaverse del mal que podrían recibir que tentados de hacérselo a los demás, no estaban sujetos a reyertas muy peligrosas: como no tenían entre ellos especie alguna de comercio, no conocían en consecuencia ni la vanidad, ni la consideración, ni la estima, ni el desprecio, ni tenían la menor noción de lo tuyo y de lo mío, ni ninguna idea verdadera de la justicia (*SD*, p. 225).

Pero, entonces, ¿qué ha conducido a la humanidad a alejarse de esa situación de paz, de igualdad y de independencia, y a perder irreversiblemente esa felicidad animal? En el *Segundo discurso*, Rousseau señala que lo que distingue a los hombres del resto de los animales es, en primer lugar, que mientras estos últimos no pueden sino obedecer sus impulsos naturales, los seres humanos en cambio poseen la facultad de elegir libremente entre seguir esos impulsos o rechazarlos. Pero no queriendo entrar en la interminable polémica sobre el libre arbitrio y el determinismo, inmediatamente señala que, cualquiera que sea la posición que se asuma al respecto, en todo caso lo que distingue y caracteriza a los hombres es su *perfectibilidad*, esto es, su capacidad para mejorar sus habilidades y facultades. Pero tal capacidad de perfeccionarse sólo se activará con el concurso de circunstancias fortuitas, que bien pudieron no existir y que por ende no derivan de la naturaleza humana, sino más bien de un desafortunado proceso de *desnaturalización* que debe verse como resultado involuntario y contingente de la multiplicación artificial y corruptora de las necesidades humanas.

Pero, ¿por qué la multiplicación de las necesidades y la perfectibilidad —es decir, lo que pudiera verse como el progreso de la civilización— corrompe y desfiguran la naturaleza humana? Porque, en primer lugar, nos vuelven dependientes de nuestros semejantes y por lo tanto nos hacen perder nuestra autosuficiencia, nuestra libertad natural. Lo que, en segundo lugar, transforma el inocente amor a sí en el egoísta y agresivo amor propio, esto es, en una pasión que, como la vanidad y el afán de poder de las que hablaba Hobbes, nos lleva a compararnos con los demás y por ende a entrar en conflicto con ellos pretendiendo reconocimiento, consideración y superioridad. El orgullo y la vanidad, que el autor del *Leviatán* había señalado como una de las causas fundamentales de la guerra de todos contra todos, no son pasiones naturales, sino consecuencia necesaria de la «sociedad naciente». Pues sólo ella vuelve a las desigualdades propiamente naturales en fuerza física o habilidad espiritual en factores relevantes para establecer o cuestionar el dominio de unos hombres sobre otros.

El estado de guerra no surge, pues, de la naturaleza humana, como pretendía Hobbes, sino de la «sociedad naciente», que a su vez se funda en la propiedad privada. «El que habiendo cercado un terreno afirmó "esto es mío", y encontró gentes tan simples para creerle, fue el verdadero fundador de la sociedad civil», afirma Rousseau sugiriendo el carácter fraudulento o ilegítimo de esta apropiación generadora de «crímenes, de guerras, de asesinatos, de miserias y de horrores» (*SD*, p. 228) en la medida en que será la base de la oposición y de la lucha entre ricos y pobres. No es, como quería Locke, una propiedad o una apropiación fundada en el trabajo, sino en el más que discutible «derecho del primer ocupante» o peor aún, en el «derecho del más fuerte»; es decir, en justificaciones facticias y contradictorias:

Es así que los más poderosos o los más miserables, haciendo de sus fuerzas o de sus necesidades, una suerte de derecho al bien ajeno, equivalente, según ellos, al de propiedad, la igualdad rota fue seguida del más espantoso desorden; es así que las usurpaciones de los ricos, los bandidajes de los pobres, las pasiones desenfrenadas de todos, sofocando la piedad natural y la voz todavía débil de la justicia, volvieron a los hombres avaros, ambiciosos y malvados. Se elevaba entre el derecho del más fuerte y el derecho del primer ocupante un conflicto perpetuo que sólo se terminaba por combates y asesinatos. La sociedad naciente dio lugar al más horrible estado de guerra: el género humano, envilecido y devastado, no pudiendo regresar sobre sus pasos, ni renunciar a las desdichadas adquisiciones que había hecho, y no trabajando sino para su vergüenza, por el abuso de las facultades que lo honran, se puso a sí mismo en vísperas de su ruina (*SD*, 233).

No es pues la naturaleza humana la que genera ese temible estado de guerra «de todos contra todos» que caracteriza, según Hobbes, esa situación en la que no existe un poder capaz de contener y someter a «los hijos del orgullo» que son los seres humanos. Es la sociedad naciente, la interdependencia que, al hacernos perder nuestra libertad o independencia natural, nos encadena a todos y transforma el amor a sí en amor propio insaciable, y nos fuerza a convertirnos en rivales, a luchar por el reconocimiento de los demás y a ser lo que no somos para engañar y someter a nuestros semejantes y, finalmente, a establecer la propiedad privada y la consiguiente división y antagonismo entre ricos y pobres. Lo que hará necesario que los ricos, para defender sus privilegios frente a los pobres, busquen la fórmula que transforme la propiedad —fruto de una usurpación— en un derecho legítimo y con ellos transforme a sus adversarios en sus defensores, proponiéndoles un pacto de asociación que Rousseau resume en los siguientes términos:

Unámonos, les dice (el rico a sus vecinos), para proteger a los débiles, contener a los ambiciosos, y asegurar a cada uno la posesión de lo que le pertenece: instituyamos reglamentos de justicia y de paz a los que todos estén obligados a conformarse, que no hagan acepción a personas, y que reparen de alguna manera los caprichos de la fortuna, sometiendo por igual al poderoso y al débil a deberes recíprocos. En una palabra. En lugar de volver nuestras fuerzas contra nosotros mismos, reunámoslas en un poder supremo que nos gobierne según sabias leyes, que proteja y defienda a todos los miembros de la asociación, rechace a los enemigos, y nos mantenga en una concordia eterna (*SD*, 234).

De esta manera el ginebrino retoma la idea de que el origen y fundamento de la legitimidad del poder político es y sólo puede ser un pacto o contrato, un artificio puramente humano, y no, como pretendían los defensores del derecho divino de los reyes o de la naturaleza patriarcal del poder, un origen y un fundamento natural o religioso. Pero, a diferencia de Hobbes y de Locke, y también de los juristas, presenta este pacto ya no como un artificio racional, sino como consecuencia del proyecto del rico dirigido a «emplear en su favor las fuerzas mismas de aquellos que lo atacaban, de volver sus defensores a sus adversarios, de inspirarles otras máximas y de darles otras instituciones que les fuesen tan favorables como contrario le era el derecho natural» (*SD*, 233). Así, según Rousseau, este pacto fundacional «fue o debió ser el origen de la sociedad y de las leyes que dieron nuevos obstáculos al débil y nuevas fuerzas al rico, destruyeron sin remisión la libertad natural, fijaron para siempre la ley de la propiedad y de la desigualdad, hicieron de una hábil usurpación un derecho irrevocable y sometieron, desde entonces, para provecho de algunos ambiciosos, a todo el género humano al trabajo, a la servidumbre y a la miseria» (*SD*, 234).

Esta manera de presentar el pacto constitutivo de la sociedad civil parecería llevar a cuestionar críticamente tanto la propiedad privada como la propia sociedad civil en tanto resultado de una especie de conspiración de los ricos para encadenar a los pobres, generando una nueva desigualdad: la que opone ya no sólo los propietarios (ricos) a los desposeídos (pobres), sino también los poderosos (los que gobiernan) a los débiles (los gobernados). Se trataría entonces, en apariencia, de una convención ilegítima, semifraudulenta, totalmente contrapuesta a la lógica progresiva del modelo propuesto por Hobbes, y desarrollado por Locke y los juristas, en el que el paso del estado de naturaleza a la sociedad civil es considerado precisamente como un progreso civilizatorio. Y tendría razón Voltaire al ironizar ferozmente sobre la presunta sugerencia de que habría que retornar a la condición natural, animal, para alcanzar la felicidad y la vida ociosa y tranquila de los salvajes. Incluso parecería haber una profunda incompatibilidad entre esta parte de la obra de Rousseau y los planteamientos del *Contrato social*, o como dirá Kant, entre la filosofía de la historia pesimista del *Discurso sobre la desigualdad* y la propuesta republicana de la obra más célebre del ginebrino.

No obstante, como se señaló antes, Rousseau sostendrá siempre la unidad y coherencia de todas sus obras. Así, en su *Carta a Beaumont* afirmará: «he escrito de diversos temas pero siempre con los mismos principios: las mismas moral, las mismas creencias, las mismas máximas y, si se quiere, las mismas opiniones. Sin embargo, se han hecho juicios opuestos de mis libros» (*CB*). Entre el *Segundo discurso* y el *Contrato social* puede haber diferencia de temas, de enfoques, pero «todo lo que hay de audaz en el *Contrato social* ya se encuentra en el *Discurso sobre la desigualdad*», señala en sus *Cartas desde la montaña*. Y, en efecto, lo que parece cambiar entre estas dos obras no es la perspectiva pesimista o realista de la política, sino el modo en que Rousseau afronta las consecuencias normativas de este pesimismo. En el llamado *Manuscrito de Ginebra* lo explica así:

Pero aunque no haya sociedad natural y general entre los hombres, aunque ellos devienen desdichados y malvados al devenir sociables, aunque las leyes de la justicia y de la igualdad para aquellos que viven a la vez en la libertad del estado de naturaleza y sometidos a las necesidades del estado social; lejos de pensar que no haya ni virtud ni felicidad para nosotros y que el cielo nos haya abandonado sin recursos a la depravación de la especie; esforcémonos en sacar del mal mismo el remedio que debe curarlo. Mediante nuevas asociaciones corrijamos, si se puede, la falta de la asociación general […] (*MG*, 395).

En otras palabras, si los hombres han devenido «sociables» y malvados o egoístas, irreversiblemente, si habiendo nacido libres en todos lados se encuentran entre cadenas en la medida en que ya no pueden bastarse a sí mismos, lo que hace falta no es, no puede ser, romper esas cadenas, sino preguntarse qué es lo que puede darles *legitimidad*, qué puede hacerlas *legítimas*. De esta manera es necesario pasar del uso descriptivo o explicativo de las categorías iusnaturalistas de estado de naturaleza, pacto o contrato social y estado de sociedad civil, predominante en el *Segundo discurso*, a un uso prescriptivo, normativo de las mismas que permita construir un modelo ideal de Estado, de la óptima república. Lo cual requiere examinar las condiciones que pueden hacer verdaderamente legítimo el contrato constitutivo del poder político, criticando al mismo tiempo la forma en que Hobbes, Locke y los juristas han pensado este pacto.

Pacto de asociación y pacto de sumisión

La idea de un pacto constitutivo del poder político remonta al menos a la Edad Media. Pero ese pacto tenía como protagonistas al pueblo, por un lado, y a los monarcas o gobernantes, por otro. No se trataba, así, de un pacto de asociación, sino de un pacto de sumisión, en el que el pueblo se comprometía a obedecer a sus jefes y a las leyes establecidas a cambio de que los jefes se comprometieran a gobernar con justicia para el bien común. En este sentido, los miembros del pueblo —unidad orgánica preexistente, natural— transferían total o parcialmente la soberanía, convirtiéndose en súbditos. La innovación teórica de Hobbes consiste en su individualismo, esto es, en la tesis de que en el estado o condición natural prepolítica no existe «el pueblo», sino solamente individuos libres e iguales en conflicto permanente. Lo que transforma a la multitud atomizada en un pueblo propiamente dicho es, entonces, un pacto horizontal de cada uno con los demás, mediante el cual transfieren su natural derecho a todo a un *tercero* que no pacta, ni puede pactar, precisamente porque se constituye como el garante efectivo de que los individuos cumplan lo pactado. Los pactos sin espada —sin la fuerza coactiva del soberano— no son sino palabras, afirma tajantemente Hobbes, y el soberano no puede pactar precisamente porque entonces tendría que haber un poder superior que lo obligara a cumplir lo pactado.

En otras palabras, el pacto de sumisión a un tercero que no pacta y simplemente recibe la fuerza y el derecho de todos es la condición *sine qua non* de la asociación, de la unión política pacífica. Por eso, el poder soberano es y sólo puede ser absoluto, esté en manos de un monarca o de una asamblea. Si ese poder se disuelve, se disuelve la sociedad toda y se vuelve al estado de naturaleza; es decir, a la guerra de todos contra todos. En el pacto propuesto por Hobbes, entonces, el soberano es al mismo tiempo el resultado de los pactos recíprocos por el que los individuos renuncian a su derecho a todo a favor de un tercero y la condición necesaria y suficiente para que estos pactos se cumplan: sin sumisión, podría decirse, dada la naturaleza de las pasiones humanas, no puede haber asociación ni orden ni paz.

En cambio, para Locke es indispensable distinguir entre el pacto de asociación, por el que los individuos sólo renuncian a su derecho de ejecutar las leyes de la naturaleza para conformar un poder limitado, y el pacto de sumisión parcial a ese poder encargado de establecer y aplicar las leyes positivas y de garantizar los derechos inalienables de los asociados. Por eso, para el autor del *II Tratado sobre el gobierno civil*, el gobierno puede disolverse cuando pierde la confianza de los ciudadanos por no cumplir sus fines —esto es, la protección de los derechos inalienables de los mismos— sin que se disuelva la sociedad. En otras palabras puede romperse el pacto de sumisión manteniéndose el pacto de asociación. El pueblo asociado, depositario último del poder supremo o soberano, puede entonces depositar su soberanía y su confianza en un nuevo poder legislativo y en un nuevo poder ejecutivo.

Ahora bien, dado que para Locke la ruptura del pacto entre el pueblo y sus gobernantes y representantes proviene siempre de que éstos abusan de su poder y violan los derechos inalienables de los miembros del pueblo y dado que desaparece por ello mismo la posibilidad de apelar a un «árbitro imparcial», sólo queda «apelar a los cielos», es decir, deponer por la fuerza al gobierno y recuperar el derecho a castigar a aquellos que infringieron la ley fundamental de la naturaleza, convirtiéndose en causantes de un estado de guerra. En este sentido, la garantía última de que los gobernantes y representantes cumplan su compromiso de gobernar y legislar para el bien común y no violen la «ley fundamental de la naturaleza», se encuentra en el derecho del pueblo de resistir y derrocar a los que han abusado de sus cargos y prerrogativas.

En el *Discurso sobre la desigualdad*, Rousseau parece seguir muy de cerca los planteamientos de Locke, tanto en lo que respecta a los dos pactos constitutivos de la sociedad civil —de asociación y de sumisión— como en lo que concierne a la necesidad de enajenar o restringir, así sea parcialmente, la libertad natural:

Sin entrar hoy en las investigaciones que están todavía por hacerse sobre la naturaleza del pacto fundamental de todo gobierno, me limito, siguiendo la opinión común, a considerar aquí el establecimiento del cuerpo político como un verdadero contrato entre el pueblo y los jefes que se elige; contrato por el cual las dos partes se obligan a observar las leyes ahí estipuladas que forman los vínculos de su unión. El pueblo habiendo reunido, en lo que respecta a las relaciones sociales, todas sus voluntades en una sola, todos los artículos sobre los que esa voluntad se expresa se convierten en otras tantas leyes fundamentales que obligan a todos los miembros del Estado sin excepción, y una de ellas regula la elección y el poder de los magistrados encargados de velar por la ejecución de las demás. Ese poder se extiende a todo lo que puede mantener la constitución (*SD*, 239).

El pacto de asociación, que establece las leyes fundamentales que obligan a todos los miembros del Estado, requiere de otro pacto, el de sumisión al gobierno que a su vez está obligado a observar y hacer observar esas leyes, sirviendo, como decía Locke, de árbitro imparcial y de instancia de ejecución de esas leyes. Pero este pacto, que establece la distinción entre poderosos y débiles, no sólo no es irrevocable, sino también frágil, y dadas las pasiones humanas, es fácil de pervertir y manipular por los magistrados o gobernantes, transformando el poder legítimo —esto es, el poder sujeto a las leyes— en un poder arbitrario, en el poder del amo sobre el esclavo, en el que desembocan las desigualdades entre ricos y pobres, entre poderosos y débiles: «hasta que nuevas revoluciones disuelvan totalmente el gobierno o lo vuelan a acercar a la institución legítima» (*SD*, 241).

En otras palabras, el pacto entre gobernantes y gobernados, entre poderosos y débiles, y entre ricos y pobres, adolece de un vicio mortal, a saber, carece de un garante, de un custodio que custodie al custodio. *Quis custodiet ipsos custodes?* De ahí su tendencia a degenerar en un poder despótico. Por eso Rousseau asume una concepción pesimista sobre el destino de todos los estados afirmando que «los vicios que vuelven necesarias las instituciones sociales son los mismos que vuelven los abusos inevitables […] (pues) las leyes en general, menos fuertes que las pasiones, contienen a los hombres sin cambiarlos» (*SD*, 242). Más aún, la ausencia de juez imparcial al que apelar en los conflictos entre gobernantes y gobernados parece implicar la permanencia del estado de naturaleza, esto es, de una situación prepolítica en el que en último término sólo queda, según Locke, «apelar a los cielos», es decir, confiar en la divina providencia.

No es casual, entonces, que en el *Contrato social*, Rousseau rechace la idea de un doble contrato en beneficio de una paradójica versión del pacto sostenida por Hobbes. Una versión que, como es sabido, supone la constitución de un soberano absoluto y, por ende, la renuncia casi incondicional a nuestro derecho a todo, a nuestra libertad.

Tan libres como antes: el ciudadano total

Si el *Segundo Discurso* puede leerse como una crítica radical de la civilización fundada en la *perfectibilidad* propia de los hombres y en las desigualdades crecientes entre ricos y pobres, entre poderosos y débiles y finalmente entre déspotas y esclavos, desigualdades que depravan a los seres humanos separándolos de la naturaleza y de su propia naturaleza y convirtiéndolos en seres que viven «fuera de sí, que no saben vivir más que en la opinión de los otros», en el ensayo sobre la *Economía política* y sobre todo en el *Contrato social*, parece cambiar el tono y también el problema. Se trata, como se dice en el *Manuscrito de Ginebra*, de «sacar del mal mismo el remedio que debe curarlo». La cuestión ya no es cómo se forjaron las cadenas sociales, sino qué puede otorgarles *legitimidad*. Una cuestión estrictamente normativa que ya no concierne a lo que ha sido y es, sino a lo que debe ser y por eso es importante comenzar por desechar tanto los hechos como las teorías legitimadoras alternativas que pretendía fundamentar la legitimidad del poder político sea en la autoridad paternal, sea en el derecho del más fuerte, sea en un presunto pacto de sumisión entre el pueblo y sus gobernantes. En todas ellas se presume algo que para Rousseau es totalmente irracional e inmoral: que los hombres pueden legítimamente enajenar su libertad, esto es, renunciar a su naturaleza como agentes morales, convirtiéndose en esclavos, es decir, en propiedad de sus amos. Veamos el siguiente pasaje, decisivo para entender la postura de Rousseau:

El más fuerte no es jamás bastante fuerte para ser siempre el amo si no transforma su fuerza en derecho y la obediencia en deber [...] La fuerza es una potencia física; no veo qué moralidad puede resultar de sus efectos. Ceder a la fuerza es un acto de necesidad, no de voluntad; es a los más un acto de prudencia. ¿En qué sentido podrá ser un deber?... Si hay que obedecer por la fuerza no se tiene necesidad de obedecer por deber; y si no se está ya forzado a obedecer ya no se está obligado a obedecer. Se ve por tanto que esta palabra de *derecho* nada añade a la fuerza; aquí no significa nada en absoluto… Convengamos, pues, en que la fuerza no hace derecho y que sólo se está obligado a obedecer a los poderes legítimos (*cs*, I).

Estamos ante una distinción decisiva del pensamiento político y moral de Rousseau que tendrá enormes consecuencias para el desarrollo de la filosofía política moderna: la distinción entre verse forzado a obedecer por temor a la coacción física, esto es, por razones prudenciales, y tener la obligación moral de obedecer por deber, es decir, por razones morales o de justicia. Si la fuerza no hace derecho, si no puede transformar la obediencia en deber, entonces el poder que sustenta es una poder no sólo precario sino ilegítimo, que se basa en la ley del más fuerte, que como ya decía Rousseau en el *Discurso sobre la desigualdad*, es el estado de naturaleza corrompido por el despotismo en el que «la sola fuerza lo sostiene y la sola fuerza lo derroca» (*SD*, 246).

Es necesario por ende fundar la legitimidad de las instituciones en un pacto, en una convención. Pero este contrato original en modo alguno puede suponer que los hombres renuncien a o enajenen su libertad, como pretenden Hobbes y en menor medida Locke. Tal enajenación es incompatible con la naturaleza de los seres humanos como agentes morales y políticos, dado que los convertiría en meros objetos:

Renunciar a su libertad es renunciar a su cualidad de hombre, a los derechos de la humanidad, incluso a sus deberes. No hay ninguna compensación posible para el que renuncia a todo. Una renuncia como esa es incompatible con la naturaleza del hombre; y es quitar toda moralidad a sus acciones quitarle toda libertad a su voluntad. En fin es una convención vana y contradictoria estipular de una parte una autoridad absoluta y de la otra una obediencia sin límites (*cs*, 520).

En consecuencia para Rousseau, el pacto constituyente de la república, del Estado, en ningún caso puede legítimamente ser un pacto de sumisión entre los gobernados, el pueblo y sus gobernantes o jefes. «Antes de considerar el acto por el que un pueblo elige a su rey

—esto es, se somete a un jefe— sería bueno examinar el acto por el cual un pueblo es un pueblo» (522). Lo que significa que el pacto fundamental sólo puede ser un pacto de unión, de asociación. Un pacto cuya legitimidad dependerá que dicha asociación será capaz de defender a todos los asociados con la fuerza de todos los asociados pero en la que cada uno, uniéndose a los demás permanecerá «tan libre como antes», es decir no se someterá nadie y sólo se obedecerá a sí mismo.

De esta forma si en Hobbes la sociedad civil surge de la renuncia que todos hacen a su derecho natural, a su libertad, sometiéndose a un tercero que por su parte no pacta y que por ello mismo puede garantizar la paz y el orden; y si, más ambiguamente, en Locke el pacto de asociación requiere que los asociados «confíen» en un poder legislativo y en un poder ejecutivo la función de servir como garantes de sus derechos esenciales y de «árbitro imparcial». Lo que deja abierta la posibilidad de que este «árbitro» abuse de su poder generando un retorno al estado de naturaleza y a un estado de guerra. Lo que, como señala el propio Rousseau, significa que el pacto propuesto por Locke de hecho no permite superar realmente ni el estado de naturaleza ni el estado de guerra en la medida que no existe un tercero entre el pueblo y sus representantes y gobernantes, y sólo queda «apelar a los cielos» en caso de conflicto entre el primero y los segundos. Para salir del estado de naturaleza, para fundar un estado civil legítimo hace falta —y en esto Rousseau se acerca paradójicamente a Hobbes— de un poder soberano absoluto, ilimitado e indivisible capaz de garantizar la obediencia tanto de los súbditos como de los gobernantes, pero no la obediencia a un tercero, sino la obediencia a la voluntad general, esto es, la obediencia a la ley.

De ahí la sorprendente cláusula fundamental que propone Rousseau que exige «la enajenación total (*sic*) de cada asociado *con todos sus derechos a toda la comunidad*» (*CS*, 522). ¿Pero no había dicho Rousseau poco antes que los hombres, en ningún caso, pueden enajenar su libertad legítimamente? ¿Y cómo es posible que la «enajenación total de cada asociado *con todos sus derechos a toda la comunidad*» genere una asociación por la que «cada uno permanezca tan libre como antes»? La clave que permite comprender y superar estas aparentes contradicciones reside «dándose cada uno a todos no se da a nadie»: el soberano, el poder supremo es la comunidad, el cuerpo político así generado que no encarna en nadie, que no es nadie, sino todos y que por ende sólo puede expresarse en la voluntad general. Por una voluntad que incluye a todos como ciudadanos —miembros del soberano— y como súbditos sometidos a la ley en la que se expresa esa voluntad. Con lo que Rousseau puede afirmar que al obedecer al soberano los asociados, de hecho, no hacen sino obedecerse a sí mismos y a la vez eliminar toda «dependencia personal», es decir toda obediencia a la voluntad y el arbitrio de particulares. La libertad natural es así sustituida por la libertad civil, y el dominio o poder de unos hombres por otros —el gobierno de los hombres que sólo puede ser despótico— es sustituido por el imperio de la ley.

> Reduzcamos todo este balance a términos fáciles de comparar: lo que el hombre pierde por el contrato social es su libertad natural y un derecho ilimitado a todo lo que lo tienta y que puede alcanzar; lo que gana es la libertad y la propiedad de todo lo que posee… se podría añadir sobre lo anterior a la adquisición del estado civil la libertad moral, la única que vuelve al hombre verdaderamente amo de sí mismo; pues el impulso del mero apetito es esclavitud y la obediencia a la ley que uno se prescribe es libertad (*CS*, 524).

El tercero, el soberano que en Hobbes concentraba la fuerza de todos para así garantizar la obediencia a las leyes, y se colocaba por ende por encima de las mismas, en Rousseau se transforma en el poder absoluto del pueblo, de la comunidad, que sólo se puede expresar mediante leyes generales que se aplican por igual a todos los miembros de la asociación y que, en consecuencia, no tienen otro objetivo y otro móvil que el interés general.

¿Pero, podría objetar un hobbesiano, qué garantiza el cumplimiento de las leyes? ¿Cómo un pueblo, una multitud ciega que a menudo no sabe lo que quiere porque rara vez sabe lo que es bueno para ella ejecutará por sí sola una empresa tan grande y tan difícil como un sistema de legislación? En este punto Rousseau abandona el contractualismo racionalista y apela a la historia de la constitución de los pueblos y los estados más exitosos que nos muestra la necesidad de un personaje mítico: el gran legislador que apoyándose en una religión particular logra una hazaña extraordinaria: «el que se atreve a instituir un pueblo debe sentirse capaz de cambiar por así decirlo la naturaleza humana, de transformar cada individuo que por sí mismo es un todo perfecto y solitario en parte de un todo más grande del que ese individuo de alguna manera recibe su vida y su ser» (*cs*, 531). De esta manera, el individualismo extremo del *Discurso sobre la desigualdad* es paradójicamente sustituido, en el *Contrato social*, por un singular y extremo organicismo holista de corte republicano.

Ahora bien, este republicanismo, que el propio Rousseau considera un ideal que sólo excepcionalmente puede realizarse, en la medida en que requiere la entrega y la abnegación del individuo a la patria así como el sacrificio o, por lo menos, la subordinación radical de los intereses privados y particulares, sólo puede conducir a la idealización de la sociedad cerrada y al rechazo de la sociedad abierta. En este sentido, la propuesta rousseauniana sin duda pone en evidencia brillantemente las temibles consecuencia morales y políticas de la desigualdad y del predominio de los intereses particulares sobre los intereses público, pero difícilmente puede verse, dada la experiencia histórica, como una verdadera alternativa a los problemas contemporáneos.

Lectura contemporánea de los clásicos

¿Por qué leer a Alamán hoy?

Andrés Lira, Catherine Andrews, Josefina Z. Vázquez

¿Por qué leer a Bentham hoy?

José Juan Moreso, Germán Sucar

¿Por qué leer a Ferguson hoy?

Isabel Wences, José Hernández Prado, Julio Beltrán

¿Por qué leer a Mill hoy?

Mark Platts, Miguel Carbonell, Juan Carlos Geneyro

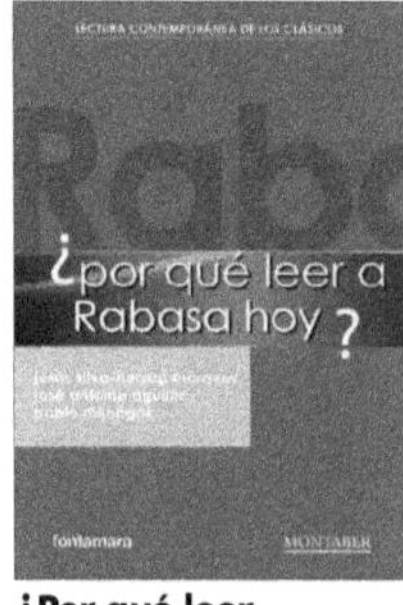

¿Por qué leer a Rabasa hoy?

Jesús Silva-Herzog Márquez, José Antonio Aguilar, Pablo Mijangos

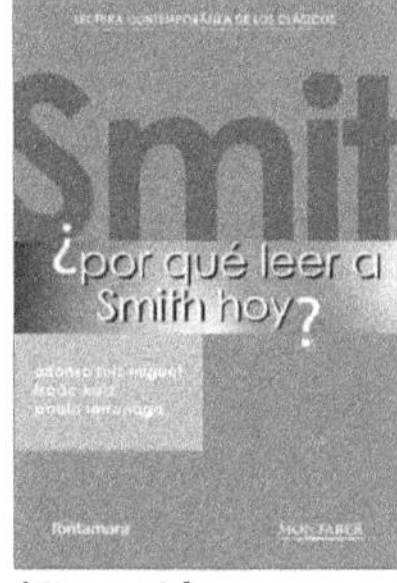

¿Por qué leer a Smith hoy?

Alfonso Ruiz Miguel, Isaac Katz, Pablo Larrañaga

¿Por qué leer a Tocqueville hoy?

Roberto Breña, Claudio López-Guerra, Jesús Silva-Herzog Márquez

¿Por qué leer a Weber hoy?

Nora Rabotnikof, Ulises Schmill, Gina Zabludovsky

¿Por qué leer El Federalista hoy?

Juan F. González Bertomeu, Gabriel L. Negretto, Andrea Pozas-Loyo

Otros títulos publicados

Amor platónico
Hans Kelsen

Análisis de un examen estandarizado
José Manuel Casillas Domínguez

Derechos humanos. Un camino hacia la pacificación
Julio Cabrera Dircio

Experiencias adversas de la seguridad del paciente
Rosa Ortiz Rivera

Nuestros niños sicarios
Elena Azaola Garrido

En guerra por la vida. Crisis climática y transformación social
Josep Cabayol

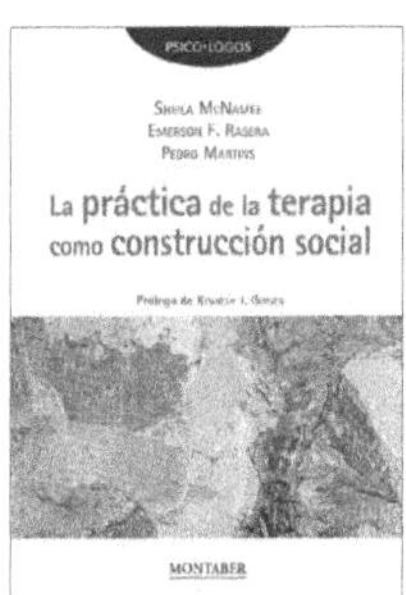

La práctica de la terapia como construcción social
Sheila McNamee, Emerson F. Rasera, Pedro Martins

El imperativo relacional Recursos para un mundo al límite
Kenneth J. Gergen

Ideología y opiniones Estudios de psicología retórica
Michael Billig

MONTABER Tel. +34-931 429 486 – montaber@montaber.es – www.montaber.es